Franz Wenigwieser

Hochzeit kreativ feiern

Franz Wenigwieser

Hochzeit kreativ feiern

Von der Vorbereitung
der Trauung
bis zur Feier am Abend

Tyrolia-Verlag · Innsbruck-Wien

Mitglied der Verlagsgruppe „engagement"

Die Deutsche Bibliothek – CIP-Einheitsaufnahme

Ein Titelsatz für diese Publikation ist bei
Der Deutschen Bibliothek erhältlich

2001

Umschlaggestaltung: Peter Mair, Innsbruck
Layout und Satz: Tyrolia-Verlag, Innsbruck
Druck und Bindung: Athesia-Tyrolia Druck, Innsbruck
ISBN 3-7022-2379-7

Inhalt

Vorwort ... 7

Die Vorbereitung der Hochzeit ... 9
Fragen zum Nachdenken ... 9
Allgemeine Tips ... 11
Die spirituelle Vorbereitung ... 12
Impulse zum Sakrament der Ehe ... 14
Wortfeld „Ehe" ... 16
Biblische Grundlagen des Ehesakraments ... 17
Checkliste zur Vorbereitung ... 20
Sprüche zur Trauung ... 22
Anmeldung zur standesamtlichen Trauung ... 25
Anmeldung zur kirchlichen Trauung ... 27
Katholisches Trauungs-Quiz ... 30

Die Trauungsliturgie ... 35
Checkliste für die Trauungsliturgie ... 35
Möglicher Ablauf ... 36
Eröffnung, Wortgottesdienst + Trauung / Eucharistiefeier / Abschluß ... 36
Modelle und Ideen zu den einzelnen Teilen ... 38
Lieder 38 / Einzugsprozession 42 / Begrüßung und Einleitung 44 / Bußakt 46 / Tagesgebete 49 / Bibeltexte für die Trauung 51 / Predigt 57 / Fürbitten 71 / Gabenbereitung 75 / Hochgebet 76 / Vater unser 77 / Friedensgruß 79 / Kommunion 79 / Schlußgebete 80 / Schlußsegen 82 / Auszug 83
Kreativ-Elemente zum Gottesdienst ... 84
Tänze im Gottesdienst ... 92
Bräuche und Symbole bei der Trauung ... 103
Symbole der Ehe ... 106

Der Trauritus . . . 108
Bereitschaft zu einer christlichen Ehe . . . 108
Segnung der Ringe (und der Hochzeitskerze) . . . 109
Großer Vermählungsspruch . . . 110
Die Bestätigung der Vermählung . . . 110
Das Segensgebet . . . 112
Entzünden der Hochzeitskerze . . . 113

Das Fest nach der Trauung . . . 114
Das Hochzeitsmahl . . . 114
Die Gestaltung des Abends . . . 116
Eröffnung 116 / Festideen 117 / Spiele 120 / Tanzspiele 124 / Überraschungen außerhalb des Hochzeitssaales 128
Material für „Einlagen“ . . . 130
Geschenk-Ideen . . . 134
Einladungen . . . 141
Hochzeitszeitung . . . 144
Hochzeitstorte . . . 149
Nach der Hochzeit . . . 151

Ehe konkret – spirituelle Impulse . . . 152
Der Hochzeitstag – eine religiös-kirchliche Eintagsfliege? . . . 152
Wichtige Impulse, die Kommunikation in der Ehe zu vermeiden . . . 153
Konstruktive Konfliktlösungsstrategien . . . 154
Glaube und Leben in der Ehe – konkret . . . 156
Beziehungs-/Ehe-Barometer TÜV . . . 158

Quellen- und Liedernachweis . . . 160

Vorwort

Dieses Buch ist gedacht

- für Paare, die „anders“ heiraten wollen als gewohnt
- für jene, die eine gute Hochzeitsvorbereitung wollen
- für jene, die eine lebendige kirchliche Trauung gestalten wollen
- für alle, die Ideen für die Abendgestaltung brauchen
- für solche, die dem Paar eine Überraschung oder ein besonderes Geschenk machen wollen
- für „offene“ Seelsorger und Seelsorgerinnen
- für alle, die mit dem Feiern einer Hochzeit zu tun haben
- für alle, die der Trauung einen tieferen Sinn geben wollen

Es ist zugleich eine Sammlung vieler persönlicher und praktischer Impulse und eine Inspiration, selber kreativ zu werden.

Jedes noch so gut gestaltete Fest bleibt ein Wagnis und ein Geschenk. Dieses Buch möchte ermutigen, das Wagnis einer lebendigen Feier mit Gott und der Festgemeinde einzugehen. Es möchte anregen, selber zu gestalten, sich beschenken zu lassen und selber zum Geschenk für andere zu werden.

Die meisten Entscheidungen bei einer Hochzeit werden normalerweise vom Paar selbst getroffen, daher liegt viel an den beiden, ob die Vermählung eher einem Begräbnisritus oder einem tollen Hochzeitsfest gleicht.

Ich habe in meinem Leben schon viele sehr beeindruckende Hochzeitsfeste erlebt, von denen sowohl für das Paar als auch für alle beteiligten Gäste ein großer Segen ausgegangen ist. Diese überwältigenden Erfahrungen haben mich inspiriert, dieses Buch zu schreiben.

Danken möchte ich

- für die inhaltliche Unterstützung:
  der Familienrunde im Mühlviertel und Sigrid Weinberger
- den Musikern für die Lieder:
  Johannes Schneider OFM, Michaela Müllner und Christian Kuster,
- den PC-Experten für die Textverarbeitung:
  Ingrid Nedl, Sr. Birgitt Eckersdorfer und Stefan + Verena Tanzer,
- den Mitarbeitern des Verlages:
  Thomas Böhm und Gottfried Hierzenberger
- für die Fotos:
  den Hochzeitspaaren

Bruder Franz Wenigwieser

Die Vorbereitung der Hochzeit

Ein paar Fragen sollten unbedingt zuerst geklärt werden!

Fragen zum Nachdenken

Was wollen wir feiern?

- Eine Segnung der Ringe mit Orgelbegleitung?
- Ein feierliches Jubiläum des zehnjährigen Zusammenlebens?
- Eine standesamtliche Hochzeit?
- Einen notariellen Ehevertrag mit Schwur vor Zeugen?
- Eine möglichst kurze rituelle Handlung mit ein paar frommen Sprüchen?
- Eine Party zum Thema Liebe und Treue?
- Eine feierliche Modeschau für Paare und Singles?
- Ein festliches Treueversprechen – bis der Tod der Liebe uns scheidet?
- Eine geheime Liebeserklärung in einer schönen Waldkapelle?
- Eine öffentliche Liebesshow, die möglichst unterhaltsam sein soll?
- Ein Familientreffen mit Freunden und Bekannten?
- Ein Festessen im 4-Sterne-Hotel mit Liebesgetränken?
- Einen Kaufvertrag mit romantischem Essen?
- Eine feierliche Gütervermehrung?
- Einen feierlichen Standeswechsel?
- Eine Bestätigung des Zusammenlebens auf weitere Jahre?
- Eine kirchliche Feier der Trauung?
- Eine festliche Verbesserung der Steuerklasse?
- Ein Konzert mit einer kurzen Unterbrechung zwecks Vermählung?
- Einen schönen Brauch, der eben zum Leben dazugehört?
- Eine Trau(er)feier, oder ...?

Warum heiraten wir?

- Weil die Wahrsagerin meinte, daß die Sterne im Mai für uns günstig stehen.
- Weil wir wissen, was ein Sakrament ist.
- Weil die Großmutter es im Testament verlangt hat.
- Weil die Kinder es schön finden.
- Weil ich nicht mehr einsam sein will.
- Weil wir schon so lange zusammen sind.
- Weil ich dem Partner helfen will, sich zu ändern.
- Weil es dazugehört und wir keine Ausnahme machen wollen.
- Weil mein/e Partner/in sonst in einen religiösen Konflikt kommen würde.
- Weil Gott der Grund und das Ziel unserer Liebe ist.
- Weil der Pfarrer uns sonst immer schief anschauen würde.
- Weil ich sonst eine Wette verlieren würde.
- Weil wir ein Kind erwarten.
- Weil wir von den Eltern loskommen wollen.
- Weil damit alle Wünsche in Erfüllung gehen.
- Weil der Partner mich braucht.
- Weil ich Sexualität leben möchte.
- Weil wir uns lieben.
- Weil die Beziehung zu Gott in unserer Ehe wichtig ist.
- Weil die Hochzeitsnacht so schön sein soll, oder ...?

Ein Hochzeitsfest gelingt ...

- wenn es gut vorbereitet wird.
- wenn viele geladene Gäste bereit sind, sich zu engagieren.
- wenn genug Zeit zum Feiern ist.
- wenn klar ist, wer wofür verantwortlich ist.
- wenn möglichst viele Sinne angesprochen werden.
- wenn das Ziel darin besteht, daß sich alle wohl fühlen – nicht nur das Brautpaar.
- wenn das Brautpaar und die Gäste feiern wollen und feiern können.

an
nehmen
annehmen
ich nehme an
angenommen
nehmen an
dich
an dich
dich nehmen
dich annehmen
an dich nehmen
angenommen ich
nehme ich dich an?
Ich nehme dich!
dich nehmen an
ich nehme dich an
ich an dich nehmen
nehme ich dich?
Ich annehmen dich?
Ich dich annehmen
ich
ich dich
ganz

Wortspiel zur Vermählung

Allgemeine Tips

- Die standesamtliche Trauung nicht am selben Tag ansetzen wie die kirchliche, so kann man das Fest besser genießen.
- Den Polterabend nicht am Vortag vor dem Hochzeitstag ansetzen (Alkohol, Schlaf ...).
- Falls die Wohnung am Hochzeitstag von Freunden (extrem) auf den Kopf gestellt wird, sich lieber ein geheimes Hotelzimmer nehmen.

- Falls es unvermeidlich ist, daß die Wohnung auf den Kopf gestellt wird, deutlich sichtbar einen Zettel mit folgendem Text an der Tür anbringen: „Bitte nichts beschädigen und keine sinnlosen Handlungen ausführen. Euer Brautpaar!“
- Die Trauungsliturgie pünktlich beginnen, sonst entsteht der Eindruck, daß die Feier weder Hand noch Fuß hat.
  >> Bei einer Trauung kam die Hochzeitsgesellschaft um 15 Minuten zu spät zur Liturgie, weil sie vorher im Gasthaus war, worauf der Pfarrer mit der Trauungsliturgie in 10 Minuten fertig war. Nach der Trauung fragte das Paar den Priester, ob bei ihm die Trauungen immer so schnell gingen, worauf der Pfarrer antwortete, daß es normalerweise nicht so sei, aber wenn die Gäste vorher im Gasthaus sind und dann 15 Minuten zu spät kommen, dann sei er ganz schnell fertig. <<
- Mit den einzelnen Personen genau ausmachen, wer wofür verantwortlich ist, z. B. der Wirt.
- Den Trauungsritus mehrmals vorher proben: Texte sprechen, Ringe anstecken, Kreuzzeichen, Kuß ...
  (Durch die Aufregung kann der Finger anschwellen, sodaß der Ring nicht paßt, oder er fällt hinunter, oder man steckt den falschen Ring an den falschen Finger usw.)
- Von Tischkarten beim Mahl ist eher abzuraten (Zwangsnachbarn), günstiger sind Gruppenkarten (Arbeitskollegen/innen, Freunde usw.)
- Falls viele Kinder an der Hochzeit teilnehmen, ist zu überlegen, ob nicht ein Kinderprogramm angeboten werden sollte.

Die spirituelle Vorbereitung

- Bewußt die Verlobung feiern und sich von Priester oder Diakon segnen lassen.

- Ein kurzes Gebet gemeinsam formulieren, das bis zur Hochzeit täglich gebetet wird.
- Ein gutes Eheseminar besuchen und sich dafür die Zeit nehmen.
- Gemeinsam ein Buch über Partnerschaft, Liebe, Sexualität, Familie, Ehe lesen – und darüber sprechen.
- Eine Lebensbeichte ablegen.
- Gemeinsam eine Bußfeier mit einem Versöhnungsritual veranstalten, z. B.: Beide schreiben ihre Schattenseiten / negativen Erfahrungen der Vergangenheit auf ein Blatt Papier und verbrennen dieses dann gemeinsam in einem Feuer (Symbol für die Liebe Gottes).
- Sich bewußt Zeit nehmen, um sich über Zukunftsfragen auseinanderzusetzen, vielleicht zusammen mit einem anderen Paar, das sich auch auf die Hochzeit vorbereitet.
  Themen: Gemeinsamkeiten – Unterschiede; Herkunftsfamilien vergleichen; Geld; Kinder; Konflikte; Wohnung; Sexualität; Eltern; Beruf ...
- Ein Ehehaus bauen: Jeder überlegt für sich, welche Bausteine ihm für die Ehe wichtig sind – miteinander vergleichen.
- Sich mit den Symbolen der Ehe auf der Traukerze beschäftigen.
- Sich mit den Texten für die Trauungsliturgie bewußt auseinandersetzen.
- Die „Jahreszeiten" unserer Beziehung/Ehe überlegen: Frühling – Was soll in unserer Beziehung aufblühen? Sommer – Was bringt der Beziehung Sonnenschein? Herbst – Was könnten unsere Früchte / gemeinsamen Ziele (= die zweite Berufung) sein? Winter – Was sollte sterben in unserer Beziehung?
- Sich eine/n Ehe-/Familien-Patron/in aussuchen und den Festtag dieses Heiligen jährlich feiern.
- Das Ehequiz (vgl. S. 30–34) gemeinsam ausfüllen und anschließend auswerten. Für jede richtige Antwort gibt es einen Plus-Punkt, für jede falsch angekreuzte Antwort einen

Minus-Punkt. Der Verlierer muß (darf) dem Sieger an diesem Tag einen Wunsch erfüllen.

Impulse zum Sakrament der Ehe

gegenseitig

- Das Sakrament spenden einander Braut und Bräutigam **gegenseitig** und nicht der Priester oder Diakon! (Der Priester ist Zeuge und Leiter der kirchlichen Feier.)

gegenwärtig

- Wenn Gott die Liebe ist, dann ist er auch in unserem Liebesbund, den wir als Mann und Frau begonnen haben, **gegenwärtig**.

Gott im Spiel

- Frau und Mann sagen im Vertrauen auf Gott ganz Ja. Sie sind überzeugt, daß bei ihrer Liebe **Gott im Spiel** ist, sie nehmen Gott bewußt als Dritten im Bund in ihre Ehe mit herein.

wirksames Zeichen

- Ein Sakrament ist ein **wirksames Zeichen** Gottes – seiner Liebe, Zärtlichkeit, Nähe, Zuwendung, Ehrfurcht zu uns Menschen.

vertrauen und glauben

- Sakrament bedeutet auch, daß die Eheleute **vertrauen und glauben** dürfen, daß Gott sie durch alle Höhen und Tiefen begleiten wird (wenn sie sich begleiten lassen) und daß die Kirche mit ihrem Gebet dahintersteht.

Drei wesentliche Elemente

- **Drei wesentliche Elemente** gehören zum Ehe-Sakrament:
  1. die Liebe und Treue zum Partner
  2. die Bereitschaft, Kindern das Leben zu ermöglichen
  3. die Unauflöslichkeit.

eigene Berufung

- Dieses Sakrament ist keine Zwangsjacke, sondern eine **eigene Berufung** (nicht jeder ist zur Ehe berufen).

Abbild

- **Abbild** sein für die Liebe Gottes zu den Menschen.

Eheleben wird zum Sakrament

- Das Ehe**leben wird zum Sakrament** = heiligen Zeichen der Gegenwart Gottes: „Ich bleibe derselbe, so alt ihr auch werdet; bis ihr grau werdet, will ich euch tragen" (Jes 46,4).

- Alle Sakramente sind **Feste (Feiern) mit Gott**. Die Feier der kirchlichen Trauung und das Sakrament der Ehe sind keine „Folklore"-Veranstaltung. **Feste mit Gott**
- Das Sakrament der Ehe beginnt nicht zwei Sekunden nach dem Ja-Wort, sondern hat schon begonnen, als Braut und Bräutigam sich zu lieben begannen, und ist nichts Punktuelles, sondern **ein Prozeß**. Die Trauung ist die öffentliche Bekundung dieses Prozesses der Liebe. Auch das öffentliche Stehen zu diesem Bund (vor der Gemeinschaft der Kirche = Zeugen) ist ein wichtiger Teil des Sakramentes. **Prozeß**
- Die meisten Sakramente sind mit dem Sakrament der **Eucharistie** (Gottesdienst), dem Höhepunkt kirchlichen Handelns und Feierns, **verbunden**. Die Elemente eines Gottesdienstes sind daher auch ein **Modell** für den Ehealltag: **Eucharistie als Modell**

  Altarkuß = einander persönlich, herzlich begrüßen, zärtlich sein
  Bußakt = einander immer wieder vergeben
  Wort Gottes = zuhören können
  Gabenbereitung = einander beschenken
  Wandlung = ich bin bereit, mich wandeln zu lassen
  Hingabe = ich gebe mich dem Partner ganz hin
  Vater unser = gemeinsames Gebet
  Kommunion = Tischgemeinschaft usw.
- Bei der Eucharistiefeier wird des **Bundes** gedacht („Tut dies zu meinem Gedächtnis"), den Christus mit seiner Braut Kirche beim letzten Abendmahl eingegangen ist: „... das ist der Kelch des neuen und ewigen Bundes." Die Ehe ist ein Abbild dieses Bundes, daher ist es sinnvoll, die Trauung mit einer Eucharistiefeier zu verbinden. **Bund**

Wortfeld „Ehe“

Ehe Indogermanische Wurzel e, ewe = ewig, Ursprünglichkeit, ewiges Gesetz, heiliges Band, etwas auf Dauer angelegtes Heiliges.

Ehe als Arena und Kampfschauplatz: Ich will dich verändern und dressiere dich!

Ehe als Wirtschaftsgemeinschaft: Liebst du mich, dann liebe auch ich dich!

Ehe als Fortsetzung der Beziehung von Mutter-Vater-Kind: Sorge für mich!

Ehe als Sakrament: Wir verlassen uns nicht nur auf unsere Liebeskraft, sondern wissen, daß wir auf Gott angewiesen sind.

Matrimonium Etwas, das mit Mutterschaft zu tun hat = Familiengründung

Connubium Nubes = Schleier, Hülle; die beiden stecken unter einer Decke. Eheliche Gemeinschaft, gemeinsame Eheführung

Conjugium Conjungere = unter ein Joch spannen, wegen der gemeinsamen ehelichen Pflichten müssen beide „ziehen“

Consortium Sors = Schicksalsgemeinschaft: dasselbe Los teilen

Nuptiae Nuptiae = Hochzeit, Beilager; Leben als Verheiratete, Eheleute.

Trauung Sich und dem anderen (auch Gott) etwas (zu-)trauen, anvertrauen, Vertrauen

Vermählung Mahlgemeinschaft, zusammenbinden zur Tisch- und Bettgemeinschaft

Hochzeit Hohe Zeit, festliche Zeit

Heirat Heimat und Rat (Hausrat, Rat der Weisheit ...)

Ja-Wort Als Be-jahter den anderen ganz und gar bejahen; ich sage auch ja zur Veränderung

Ehebund Ein Bündnis auf Raum (unter einem Dach) und Zeit (lebenslänglich) auf der Basis der Liebe: Lebensgemeinschaft, Leibesgemeinschaft, Liebesgemeinschaft

Biblische Grundlagen des Ehesakraments

„Habt ihr nicht gelesen, daß der Schöpfer die Menschen als Mann und Frau geschaffen hat? Darum wird der Mann Vater und Mutter verlassen und sich an seine Frau binden, und die zwei werden ein Fleisch sein. Was aber Gott verbunden hat, das darf der Mensch nicht trennen." **Mt 19,3–12**

Wir sind gerufen, unsere Geschlechtlichkeit als Mann oder Frau anzunehmen. Die Frage nach dem Warum von Verlassen, Binden und Ein-Fleisch-Werden wird in der Genesis beantwortet (vgl. Gen 2,18–23): Jahwe empfindet das Alleinsein des Menschen für nicht gut, darum will er ihm eine gleichwertige Hilfe machen.

Die Liebe zwischen den Eheleuten steht über der Liebe zwischen Eltern und Kindern. Nur wenn eine Person sich von der Abhängigkeit von den Eltern gelöst hat, kann sie sich als eigenständige Persönlichkeit auf ein Gegenüber einlassen.

„... und sich an seine Frau binden"

Für Binden steht in der Bibel das Wort für Kleben. Die Bibel bringt zum Ausdruck, welche Intensität der neuen Liebesbeziehung innewohnt. Es geht nicht um eine mehr oder weniger feste Gemeinschaft, sondern um eine feste Bindung, die mit dem Bild des Aneinander-Klebens verglichen werden kann.

„... die zwei werden ein Fleisch sein."

Das bedeutet in der Sprache der Bibel nicht etwa den Leib im Unterschied zur „Seele", sondern den ganzen Menschen. Die totale Lebens- und Liebesgemeinschaft ist mehr als die Summe zweier Leben. Jesus meint nicht nur die Einswerdung im sexuellen Akt, sondern auch in der Zuwendung, im Interesse aneinander, in der Liebe.

„... das darf der Mensch nicht trennen."

Jesus akzeptiert nur einen Trennungsfaktor, nämlich den physischen Tod.

Joh 2,1–12 *Hochzeit zu Kana* als Zeichen: Jesus verwandelt Wasser zu Wein. Der Wein ist ein Symbol für die Liebe. Gott möchte uns seine Liebe in Fülle schenken.

Eph 5,21–33 *„Darum wird der Mann Vater und Mutter verlassen und sich an seine Frau binden, und die zwei werden ein Fleisch sein. Dies ist ein tiefes Geheimnis, ich beziehe es auf Christus und die Kirche."*
Was meint „Paulus" damit? Ein Mann verläßt Vater und Mutter: Aus Liebe zu uns hat Christus seinen Vater verlassen – daran erinnern wir uns am Weihnachtsfest. Ein Mann bindet sich an seine Frau: Christus bindet sich an seine Gemeinde, seine Braut, treu und unzertrennlich. Die beiden werden ein Fleisch: Christus wird körperlich eins mit uns im Empfang der Eucharistie, des Leibes Christi. Die Ehe ist somit ein Abbild der Liebe zwischen Christus und der Kirche.
„Was euch angeht, so liebe jeder von euch seine Frau wie sich selbst, die Frau aber ehre den Mann."
Für „Paulus" ist die Ehe eine Beziehung, die von gegenseitiger Liebe und Achtung getragen ist. Wer den Partner liebt, liebt sich selbst.

Ez 34,11–16 Die Eltern sollen für die Kinder wie Hirten sein:

„sie auf gute Weide führen"	= die Welt, den Glauben erschließen
„sie ruhen lassen"	= nicht dauernd herumzupfen
„die Starken behüten"	= nicht überfordern
„sich um sie kümmern"	= sich verantwortlich fühlen
„die Verlorenen suchen"	= wo fühlen sie sich verloren?
„die Verletzten verbinden"	= durch Liebe und Vergebung heilen
„die Schwachen kräftigen"	= mit Rat und Hilfe beistehen

Spr 5,19 *„Ihre Liebkosung mache dich immerfort trunken, an ihrer Liebe berausche dich immer wieder."*
Die Bibel spricht positiv von der Sexualität.

„Entzieht euch einander nicht." **1 Kor 7,5**

Paulus warnt als Realist vor dem sexuellen Entzug. Er macht es geradezu zu einem Gebot, daß sich der Mann seiner Frau und die Frau sich ihrem Mann nicht entzieht. Somit wird ein deutliches Ja zur sexuellen Seite in der Ehe ausgesprochen.

Das Hohelied der Liebe **Hld 1–8**

Eine Sammlung von Liebesliedern, die von Anfang an auf die Liebesbeziehung zwischen Gott und den Menschen bezogen wurde.

Checkliste zur Vorbereitung

Zeiten / Personen

- ❑ Traupriester/Diakon suchen
- ❑ Kirche (Gotteshaus) 2 Stunden reservieren
- ❑ Gasthaus/Restaurant/Saal/Menü
- ❑ Musik für die Kirche?
- ❑ Tanzband
- ❑ Standesamt wann?
- ❑ Eheseminar
- ❑ Fotograf/Fernsehen
- ❑ Papiere kontrollieren

Einladungen

- ❑ kreative Einladung entwerfen (siehe Seite 141ff.)
- ❑ Wer wird zum Essen eingeladen? Liste!
- ❑ Wer wird persönlich eingeladen?
- ❑ Wer brieflich? (Adressen besorgen)

Festessen

- ❑ Speisenfolge
- ❑ Getränke/Aperitif
- ❑ Tischreden
- ❑ Blumenschmuck
- ❑ Sitzordnung
- ❑ Finanzierung?

Geschenkliste

- ❑ Wer bekommt die Liste?
- ❑ Welche Geschenke? (Gruppengeschenke)

Verschiedenes

- ❑ Brautgespräch mit dem Pfarrer
- ❑ Beichte – (bei wem?)
- ❑ dem Arbeitgeber den Hochzeitstermin mitteilen
- ❑ Anzeige im Schaukasten der Pfarrei
- ❑ Gratulationen – wann?

- ❑ Hochzeitsreise/Urlaub
- ❑ Hochzeitskleidung
- ❑ Brautstrauß
- ❑ Schmuck für die Gäste
- ❑ Friseur/Kosmetikerin
- ❑ Ringe
- ❑ Schmuck für das Hochzeitsauto/Kutsche
- ❑ Schmuck für die Wohnung/Elternhaus
- ❑ Anzeige in der Zeitung?
- ❑ Ist ein Polterabend geplant?
- ❑ (Neue) Brautschuhe einlaufen
- ❑ Übernachtungen für Gäste in Hotels oder bei Familien

Hochzeitsmanager(in) / Zeremonienmeister(in)

Es ist sehr ratsam, sich zwei fähige Freunde zu suchen, die bei der Hochzeit folgende Aufgaben übernehmen:

- ❑ Aufwecken des Paares mit Musik am Hochzeitstag
- ❑ Festliches Frühstück für Braut und Bräutigam
- ❑ Chauffeur für die Braut und den Bräutigam
- ❑ Schmuck für das Braut-Auto
- ❑ Überraschungen beim Abendprogramm
- ❑ Organisation des Fest-Programms
- ❑ Betreuung der Geschenke
- ❑ Ansprechpartner für alle Show-Einlagen
- ❑ Kontakt halten mit Wirt und Band
- ❑ Aufstellung für den Einzug in die Kirche
- ❑ Gruppenfoto der ganzen Hochzeitsgesellschaft (Ort und Zeit)
- ❑ Austeilen der Texthefte in der Kirche vor der Trauung
- ❑ bringt das Brautpaar am Schluß nach Hause
- ❑ zuständig für alle spontan auftauchenden Probleme

Die Hochzeitsmanager suchen geeignete Vertrauenspersonen, die ihnen einige Aufgaben abnehmen. Je mehr Aufgaben delegiert werden können, um so weniger Streß kommt auf!

Sprüche zur Trauung

Ähnlich wie bei der Priesterweihe gibt es auch für die Trauung den Brauch, sich einen Leitspruch zu wählen[1], der das Paar auf dem gemeinsamen Eheweg begleiten soll.

- „Nicht die Schönheit bestimmt, wen wir lieben, sondern die Liebe bestimmt, wen wir schön finden.“ *Wolfgang Cyran*
- „Die Liebe trägt die Seele, wie die Füße den Leib tragen.“ *Katharina von Siena*
- „Es ist nicht wichtig, den/die richtige/n PartnerIn gefunden zu haben, sondern der/die richtige PartnerIn zu sein.“
- „Keine Überraschung bezaubert so wie die Entdeckung, geliebt zu werden.“ *Charles Morgan*
- „Darum verläßt der Mann Vater und Mutter und bindet sich an seine Frau, und sie werden ein Fleisch.“ *Genesis 2,24*
- „Ich bleibe derselbe, so alt ihr auch werdet, bis ihr grau werdet, will ich euch tragen.“ *Jesaja 46,4*
- „Denn wo zwei oder drei in meinem Namen versammelt sind, da bin ich mitten unter ihnen.“ *Matthäus-Evangelium 18,20*
- „Du bist doch in unserer Mitte, Herr, und dein Name ist über uns ausgerufen. Verlaß uns nicht!“ *Jeremia 14,9*
- „Wie mich der Vater geliebt hat, so habe auch ich euch geliebt. Bleibt in meiner Liebe.“ *Johannes-Evangelium 15,9*

[1] Vgl. Peter Neysters, „Ich nehme dich an und verspreche dir die Treue ...“ 16. Aufl., Würzburg 1999, 4f.

- „Sie sind also nicht mehr zwei, sondern eins. Was aber Gott verbunden hat, das darf der Mensch nicht trennen.“ *Matthäus-Evangelium 19,6*

- „Dann sprach Gott, der Herr: Es ist nicht gut, daß der Mensch allein bleibt. Ich will ihm eine Hilfe machen, die ihm entspricht.“ *Genesis 2,18*

- „Das ist mein Gebot: Liebt einander, wie ich euch geliebt habe.“ *Johannes-Evangelium 15,12*

- „Wir wissen, daß Gott bei denen, die ihn lieben, alles zum Guten führt.“ *Römerbrief 8,28*

- „Seid einander in geschwisterlicher Liebe zugetan, übertrefft euch in gegenseitiger Achtung!“ *Römerbrief 12,10*

- „Bleibt niemand etwas schuldig; nur die Liebe schuldet ihr einander immer.“ *Römerbrief 13,8*

- „Die Liebe erträgt alles, glaubt alles, hofft alles, hält allem stand. Die Liebe hört niemals auf.“ *1. Korintherbrief 13,7*

- „In Demut schätze einer den anderen höher ein als sich selbst.“ *Philipperbrief 2,3*

- „Freut euch im Herrn zu jeder Zeit! Noch einmal sage ich: Freut euch! Eure Güte werde allen Menschen bekannt. Der Herr ist nahe.“ *Philipperbrief 4,4–5*

- „Vor allem haltet fest an der Liebe zueinander.“ *1. Petrusbrief 4,8*

- „Gott ist die Liebe, und wer in der Liebe bleibt, bleibt in Gott, und Gott bleibt in ihm.“ *1. Johannesbrief 4,16*

- „Einen Menschen lieben, heißt einwilligen, mit ihm alt zu werden.“ *Albert Camus*

- „Du bist zeitlebens für das verantwortlich, was du dir vertraut gemacht hast.“ *Antoine de Saint-Exupéry*

- „Liebe ist das einzige, das wächst, wenn wir es verschenken.“ *Ricarda Huch*

- „Wer den anderen liebt, läßt ihn gelten, so wie er ist, wie er gewesen ist und wie er sein wird.“ *Michel Quoist*

- „Der hat immer etwas zu geben, dessen Herz voll ist von Liebe.“ *Augustinus*

- „Wer einen Menschen liebt, setzt für immer seine Hoffnung auf ihn.“ *Gabriel Marcel*

- „Gott möge helfen, daß uns sein Licht nicht blendet und in die Irre führt, sondern daß es alle Wege klarmacht und wir sein herrliches Licht in uns aufnehmen, das ist: uns untereinander lieben und viel Freude im Herzen machen.“ *(Reden des Südseehäuptlings Tuiavii der Papalagi)*

- „Der Mensch kam durch die Liebe und um der Liebe willen in die Welt. Weil eben die fraglose Liebe, die Liebe ‚umsonst‘, alles ermöglicht, alles neu machen kann. Bis zum neuen Himmel und zur neuen Erde.“ *Friedrich Weinreb*

Anmeldung zur standesamtlichen Trauung

In Österreich und auch in Deutschland kommt eine gültige Eheschließung nur vor einem Standesbeamten zustande. Konfessionelle Eheschließungen haben vor der Behörde keine Rechtsgültigkeit. Zuständige Behörde ist das Standesamt der Gemeinde bzw. in Städten der Magistrat – wahlweise am ordentlichen Wohnsitz der Braut oder des Bräutigams. Man kann aber auch an einem anderen Ort als dem Wohnort heiraten.

Eine Terminreservierung ist maximal sechs Monate vor der Eheschließung möglich. Zur Anmeldung am Standesamt sollten Braut und Bräutigam anwesend sein, in Ausnahmefällen ist eine Erklärung auszufüllen. Einige wichtige Punkte, z. B. welcher Name nach der Eheschließung geführt wird, sollten unbedingt vor Besuch des Standesamtes geklärt werden.

Namensrecht

In Österreich und Deutschland

Die bisherigen Familiennamen beider Partner können gleich bleiben. In diesem Fall haben die Ehepartner den Familiennamen der der Ehe entstammenden Kinder zu bestimmen.

Wollen die Verlobten einen gemeinsamen Familiennamen, kann entweder der Familienname der Braut oder des Bräutigams als gemeinsamer Familienname bestimmt werden.

Wer den Familiennamen des anderen annimmt, kann den bisherigen Familiennamen mit einem Bindestrich voran- oder nachstellen. Auf Führung eines Doppelnamens besteht ein Rechtsanspruch. Die Kinder tragen nur den Familiennamen des Vaters.

In der Schweiz

Der Familienname wird der Name des Mannes, außer es wird eigens angesucht, den Namen der Frau zu nehmen. Die Frau kann sich für einen Doppelnamen entscheiden.

Dokumente und Unterlagen

In Österreich

Jeweils für Braut und Bräutigam (fremdsprachige Urkunden in beglaubigter Übersetzung):

- Abschrift aus dem Geburtenbuch – nicht älter als sechs Monate (ist auf dem Standesamt des Geburtsortes erhältlich)
- Staatsbürgerschaftsnachweis lautend auf den aktuellen Namen
- Meldezettel
- Amtlicher Lichtbildausweis
- Eventuell urkundlicher Nachweis über akademischen Grad
- Bundesstempelmarken für Aufgebot, Heiratsurkunde und Beilagen (Meldezettel usw.) sowie Verwaltungsgebühren.

Für AusländerInnen zusätzlich:

- Reisepaß oder Staatsangehörigkeitsausweis
- Bestätigung der Ehefähigkeit erhältlich bei der Heimatbehörde oder der diplomatischen Vertretungsbehörde in Österreich

In Deutschland

- Die Abstammungsurkunde oder eine beglaubigte Abschrift des Familienbuches der Eltern
- Meldezettel
- Personalausweis oder Reisepaß
- Staatsbürgerschaftsnachweis
- Für Geschiedene, Verwitwete, bei Adoptionen, Ausländern weitere Unterlagen

In der Schweiz

- Personalstandsausweis (Zivilstandesamt des Heimatortes)
- Niederlassungsausweis oder Wohnsitzbescheinigung
- Bei gemeinsamen Kindern, Ausländern, Geschiedenen oder Verwitweten zusätzliche Dokumente

Anmeldung zur kirchlichen Trauung

Wenn beide Brautleute katholisch sind

Traupriester

Das Paar wählt selbst einen Priester (Welt- oder Ordenspriester) oder Diakon und bittet ihn, der Trauung vorzustehen. Mit ihm wird die Trauungsliturgie besprochen.

Trauzeugen

Trauzeuge oder Trauzeugin kann jeder sein, vorausgesetzt wird nur hinreichender Vernunftgebrauch, daher auch Minderjährige oder Nicht-Katholiken, sowohl Frauen als auch Männer. Üblicherweise bedarf es mindestens zweier Trauzeugen.

Hochzeitskirche

Als Trauungskirche kann eine katholische Kirche gewählt werden (es muß nicht die Kirche am Wohnort sein). Zuständig ist der Pfarrer dieser Kirche. Mit ihm wird der Termin der kirchlichen Trauung vereinbart. Es besteht Formpflicht, das heißt, es muß eine katholische Kirche oder Kapelle gewählt werden. Ausnahmen bedürfen der Erlaubnis des Bischofs (Nihil obstat).

Trauungs- / Brautgespräch

Zuständig ist der Pfarrer der Wohngemeinde der Braut oder des Bräutigams. Dieser erstellt zusammen mit Braut und Bräutigam das Trauungsprotokoll. Bei diesem Gespräch geht es um die Voraussetzungen für die Ehe (Ehehindernisse) und um die Trauungsliturgie, falls der Priester auch der Traupriester sein sollte.

Mitzubringende Dokumente und Unterlagen

- Taufschein
- Aktuelle Taufscheinergänzung (erhältlich beim Taufpfarramt)
- Standesamtliche Heiratsurkunde (falls schon vorhanden)
- Geburtsurkunden
- Meldezettel, falls Wohnadresse dem Pfarrer nicht bekannt ist
- Bei Personen mit Vorehen und Ausländern zusätzliche Dokumente

Kosten

- Keine festen Gebühren

Wenn ein Partner katholisch, der andere evangelisch ist?

- Eheschließungen mit nichtkatholischen Christen (z. B. evangelische oder orthodoxe Christen) bedürfen der Erlaubnis des Pfarrers.
- Das Paar entscheidet selbst, ob es sich katholisch oder evangelisch trauen läßt. Es ist wichtig, rechtzeitig das Gespräch mit Priestern beider Kirchen zu suchen.
- Für Katholiken ist die kirchliche Trauung ein Sakrament.
- Nach evangelischem Verständnis stellt die kirchliche Trauung eine Segnung der standesamtlich geschlossenen Ehe dar. Der Segen hat daher eine besondere Bedeutung.
- Bei einer katholischen Trauung verpflichtet sich der katholische Partner, die Kinder katholisch taufen zu lassen und sie dementsprechend zu erziehen. Der evangelische Partner muß von diesem Versprechen wissen.
- Die beiden Geistlichen vereinbaren, wer welchen Teil der Liturgie übernimmt.
- Beim Bußakt und bei den Fürbitten könnten bewußt Begegnung und Versöhnung der Kirchen angesprochen werden.
- Bei der kirchlichen Trauung in einer katholischen Kirche unter Beteiligung des evangelischen Pfarrers erfolgt die Liturgie wie in diesem Buch beschrieben. Der evangelische Pfarrer soll – soweit kirchenrechtlich möglich – einige Teile der Liturgie übernehmen.

Vorschlag für die Trauung in einer evangelischen Kirche
... unter Beteiligung eines katholischen Priesters[2]

[2] Die Trauung katholisch-evangelischer Paare unter Mitwirkung der Bevollmächtigten beider Kirchen, hg. vom Pastoralamt der Erzdiözese Wien und Evangelischen Presseverband, Wien, 35f.

Eröffnung

Empfang des Paares
Einzug
Lied der Gemeinde
Gruß Einführung
Psalmgebet/Eingangsgebet
Schriftlesung

Verkündigung – Bekenntnis – Segnung

Predigt
Gottes Wort für die Ehe
Traubekenntnis
Übergabe der Ringe und Handreichung
Segnung
Lied der Gemeinde

Sendung

Fürbitten
Vater unser
Überreichung von Gaben
Segen
Lied
Auszug

Katholisches Trauungs-Quiz*

1. **Wer spendet das Ehesakrament?**
   a. Der Priester/Diakon
   b. Das Ehepaar
   c. Der Standesbeamte
   d. Die Trauzeugen

2. **Wer kann bei einer kirchlichen Hochzeit Trauzeuge sein?**
   a. Jeder mit hinreichendem Vernunftgebrauch
   b. Nur wer getauft und gefirmt ist
   c. Nur wer katholisch ist und am Sonntag in die Kirche geht
   d. Auch eine aus der Kirche ausgetretene Person

3. **Wie viele kirchliche (katholische) Ehehindernisse gibt es?**
   a. drei
   b. sieben
   c. zwölf

4. **Was ist die Ehe aus katholischer Sicht?**
   a. Ein Sakrament
   b. Ein rechtsgültiger Glaubenssatz des Papstes
   c. Ein besonderes Zeichen der Nähe und Liebe Gottes
   d. Ein Abbild der Verbindung von Christus zur Kirche

5. **Wie oft küßt der katholische Priester bei der Trauungsmesse?**
   a. überhaupt nicht
   b. dreimal
   c. sooft er will

6. **Wer ist laut Bibel der Größte in der Familie?**
   a. der am meisten Geld verdient

b. die Person, die am meisten betet
c. der am meisten dient
d. das Kind, das den Eltern am meisten gehorcht

Was sagt Paulus in der Bibel zur ehelichen Sexualität? 7.
a. Sie gehört zu den Werken des Fleisches und nicht des Geistes
b. Sex außerhalb der Ehe ist schwere Sünde
c. Sex ist nur zur Zeugung von Nachkommenschaft erlaubt
d. Die Eheleute sollen miteinander Sexualität leben, um nicht in Versuchung geführt zu werden.

Was heißt „Verantwortung übernehmen in Kirche und Gesellschaft"? (= Formulierung aus dem Trauritus) 8.
a. viel Geld verdienen, um den Kindern alles bieten zu können
b. sich für ein religiöses Engagement in der Familie und Gemeinde einsetzen
c. sich für Frieden und Gerechtigkeit einsetzen und dafür beten
d. die Ehrfurcht vor der Schöpfung bewahren und die Umwelt schützen

Was ist das Ziel des kirchlichen Ehevorbereitungsseminars? 9.
a. Rezepte für eine gute Ehe zu geben
b. Paaren, die in der Krise sind, zu helfen
c. die kirchliche Heiratsfähigkeit zu prüfen
d. Impulse über wichtige eheliche Themen und Fragen zu vermitteln

Was ist eine „Blumenehe" (= Scherzfrage)? 10.
a. wenn bei der Hochzeit die Kinder Blumen streuen
b. wenn die Braut bei der Hochzeit den Brautstrauß verliert
c. sie verblüht und er verduftet
d. wenn bei der Trauung die Blumen verwelken

* Teilweise sind mehrere Antworten möglich.

11. **Wer ist in der Bibel für die religiöse Erziehung der Kinder hauptverantwortlich?**
a. der Vater
b. die Mutter
c. der Taufpate oder Firmpate
d. die Großeltern

12. **Wann ist die Ehe vollzogen?**
a. nach der öffentlichen Anmeldung zur Hochzeit
b. nach dem Ja-Wort
c. nach dem Schlußsegen der Trauung
d. nach dem „vollständigen" Geschlechtsverkehr

13. **Wieviel kostet das Sakrament der Ehe?**
a. kein Geld
b. 100 Schilling für die Trauungsurkunde
c. 1200 Schilling für Verwaltung, Priester, Mesner und Kerzen
d. Zwei Kühe oder drei Ziegen als Brautpreis

14. **Wie lange reden Ehepaare im Schnitt miteinander (Umfrage)?**
a. 5 bis 10 Minuten pro Tag
b. 1 Stunde pro Tag
c. 4 bis 6 Stunden pro Tag

15. **Wer hat die Ehe eingeführt?**
a. Adam und Eva
b. die Gesellschaft
c. Jesus
d. das Konzil von Trient

16. **Wo kann eine katholische Trauung stattfinden?**
a. In jeder katholischen Kirche mit Erlaubnis des Pfarrers

b. bei einer Gipfelmesse mit Genehmigung des Bischofs
c. in der Sakristei mit Erlaubnis des Mesners
d. im Wohnzimmer des Paares mit Genehmigung des Vermieters

Welche Elemente gehören zu einer christlichen Ehe? 17.
a. freiwillig
b. lebenslänglich
c. Treue
d. jungfräulich

Was bedeutet das Umwinden der ineinander gelegten Hände mit der Stola (vgl. Trauritus)? 18.
a. Das Paar ist bis zum Tod an die Kirche gebunden.
b. Dies ist ein altes Symbol des Schützens.
c. Die Kirche bestätigt den Bund der Ehe.
d. Dies ist eine Beauftragung zum Dienst in der Kirche.

Was meint die Bibel mit: „Die beiden werden ein Fleisch sein"? 19.
a. daß die Kinder den Eltern ähnlich sehen werden
b. daß die Kinder aus demselben Fleisch geboren sind
c. daß fleischliche Lust in der Ehe nicht erlaubt ist
d. daß Mann und Frau sich körperlich und seelisch verbinden

Wer kann bei einer konfessions-/religionsverschiedenen Ehe katholisch heiraten? 20.
a. ein Katholik und ein evangelischer Christ (mit Genehmigung des Pfarrers)
b. ein Katholik und ein ausgetretener Christ (mit Genehmigung des Pfarrers)
c. ein Katholik und ein Moslem (mit Genehmigung des Pfarrers)
d. ein Mitglied einer Sekte und ein Ungetaufter (mit Genehmigung des Sektenführers)

Auflösung

1b; 2a+d; 3c; 4a+c+d; 5b; 6c; 7d; 8b+c+d; 9d; 10c;
11a; 12d; 13a; 14a; 15b; 16a+b; 17a+b+c; 18b+c; 19d; 20a+b+c

Erläuterungen zum Trauungsquiz

1. Siehe Impulse zum Sakrament der Ehe (S. 14).
2. Siehe Anmeldung zur kirchlichen Trauung (S. 27).
3. Die 12 Ehehindernisse lauten: 1. Mangel des erforderlichen Alters, 2. Impotenz, 3. Bestehendes Eheband, 4. Religionsverschiedenheit, 5. Weihe, 6. Ewiges Gelübde, 7. Entführung, 8. Verbrechen, 9. Blutsverwandtschaft, 10. Schwägerschaft, 11. Nachgebildete Schwägerschaft, 12. Adoptiverwandtschaft.
4. Siehe Impulse zum Sakrament der Ehe (S. 14).
5. Am Beginn und am Schluß der Messe wird der Altar geküßt als Zeichen der Begegnung mit Christus. Nach dem Evangelium wird das Buch geküßt als Zeichen der Verehrung des Wortes Gottes.
6. Siehe Mt 23,11.
7. Siehe Biblische Grundlagen des Ehesakraments (S. 17).
8. Das Paar wird gefragt, ob es bereit ist, über den Tellerrand der eigenen Familie hinauszuschauen, indem es Verantwortung übernimmt für die Kirche und die Gesellschaft.
9. Das Seminar ist keine Therapie oder Eheberatung, sondern eine Hilfe, wichtige Fragen zur Beziehung und zur Hochzeit zu klären.
10. Eine Scherzfrage, über die es sich lohnt nachzudenken.
11. In unserer Gesellschaft sind vorwiegend die Mütter für die religiöse Erziehung verantwortlich (in der Praxis). Im biblischen Denken trägt vor allem der Vater die Verantwortung für die religiöse Erziehung, darüber sollte man nachdenken.
12. Kirchenrechtlich ist ein Geschlechtsverkehr dann „vollständig“, wenn der Same des Mannes in die Scheide der Frau eindringt.
13. Alle Sakramente sind gratis.
14. Hier geht es um persönliche Informationen und nicht um den üblichen small-talk. (Guten Morgen ...)
15. Die Ehe ist aus dem Bedürfnis nach Schutz, Geborgenheit, Liebe und materieller Sicherheit der Gesellschaft entstanden und wurde später von der Kirche und vom Staat geregelt.
16. Siehe Anmeldung zur kirchlichen Trauung (S. 27).
17. Siehe Impulse zum Sakrament der Ehe (S. 14).
18. Siehe Bräuche und Symbole bei der Trauung (S. 103).
19. Siehe Biblische Grundlagen des Ehesakraments (S. 17).
20. Mindestens einer der Partner muß katholisch sein.

Die Trauungsliturgie

Checkliste für die Trauungsliturgie

- ❑ Uhrzeit für den Gottesdienst festlegen
- ❑ Ministranten (vielleicht aus der Verwandtschaft)
- ❑ Musik (Chor/alle/Solo)
- ❑ Trauzeugen auswählen (Mann und Frau)
- ❑ Anzahl der Personen/Gäste?
- ❑ Platzreservierung?
- ❑ Ringe (Ansteckprobe)
- ❑ Blumenschmuck: Falls vorher oder nachher eine weitere Trauung stattfindet, kann man sich mit dem anderen Paar über einen gemeinsamen Blumenschmuck absprechen (Kosten teilen)
- ❑ Fotograf einer/mehrere (mit dem Priester absprechen)
- ❑ Musikinstrumente
- ❑ Orgelspieler
- ❑ Lieder aussuchen
- ❑ Wo singt der Chor?
- ❑ Textheft gestalten (leserlich für alte Menschen)
- ❑ Trinkgeld/Spende – In manchen Gegenden ist es Brauch, den Beteiligten ein Trinkgeld zu geben, z. B. Mesner/Ministranten/Priester
- ❑ Der Mesner sollte informiert werden, rechtzeitig die Kirche/Sakristei aufzusperren
- ❑ Altar(tuch) und Ambo gestalten (die schön gestalteten Tücher könnten später als Tischtuch verwendet werden)
- ❑ Kommunionhelfer/in, wenn viele Gäste sind
- ❑ Besuch der Hochzeitskirche
- ❑ Sitz für das Brautpaar/Trauzeugen

- ❑ Das Paar kann nebeneinander sitzen mit dem Blick zum Altar, oder sie sitzen einander gegenüber, so haben sie seitlich einen Blick zum Altar und auf der anderen Seite zur Festgemeinde.
- ❑ Bibeltexte/andere Texte auswählen
- ❑ Hochzeitskerze
- ❑ Wer liest/gestaltet etwas?
- ❑ Vermählungsspruch schreiben und auswendig lernen

Möglicher Ablauf

Die Liturgie ist ein Fest der Liebe

Musik/Lieder	Liebe lebt vom Feiern
Altarkuß	Liebe lebt von der zärtlichen Aufmerksamkeit
Bußakt	Liebe lebt vom Verzeihen
Tagesgebete	Liebe lebt vom Loben und Danken
Lesung	Liebe lebt vom Hören und Antworten
Evangelium	Liebe lebt von frohen ermutigenden Botschaften
Gabenbereitung	Liebe lebt vom Geben und Nehmen
Hochgebet	Liebe lebt von der Verwandlung und Hingabe
Kommunion	Liebe lebt von der Tischgemeinschaft
Schlußgebete	Liebe lebt von Anerkennung und Dank
Auszug	Liebe lebt vom gemeinsamen Unterwegs-Sein

Eröffnung

- Einzug (mit Traukerze und Ringen)
- Eröffnungs-Lied
- Eröffnung und Begrüßung durch den Priester
- Begrüßung durch das Paar
- Bußakt
- (Glorialied)
- Tagesgebet

Wortgottesdienst

- Lesung

- Antwortgesang (Lied)
- Evangelium
- Predigt

Die Feier der Trauung

Einleitung
Befragung – Ja-Wort
Segnung der Ringe
Vermählungsspruch
Bestätigung der Vermählung
Segen
(Anzünden der Hochzeitskerze)

⇦ **Trauritus**

vgl. S. 108

- Fürbitten

Eucharistiefeier

- Gabenbereitung mit Gabenlied
- Hochgebet (Einschub)
- Heiliglied
- Vater unser (ev. gesungen)
- Friedensgruß wird durch das Paar weitergegeben
- Lamm Gottes (ev. gesungen)
- Kommunion unter beiden Gestalten (für das Paar oder für alle)
- Lied während der Kommunion
- (Meditation nach der Kommunion oder Gebet für das Paar)

Abschluß

- (Segnung des Hochzeitsweines durch den Priester/Diakon)
- Unterschrift der Zeugen, ev. auch zum Trauritus oder in der Sakristei
- Schlußgebet
- Schlußlied (Chor)

- Dank an alle MitarbeiterInnen und Gäste durch das Paar
- Segen
- Auszug mit Musik
- Agape mit Hochzeitswein – Gratulationen

Modelle und Ideen zu den einzelnen Teilen

• *Lieder*

Liebe lebt vom Feiern

- Zu einem Fest gehört auch ein guter Gesang. Es ist wichtig, daß einige Lieder auch von der Gemeinde gesungen werden und nicht der Chor ein Konzert gibt. Nur so kann es ein Fest werden.
- Besonders geeignet für den Gesang der Festgemeinde sind das Gloria und das Heilig. Dazu können bekannte Lieder aus dem Gotteslob oder Loblieder aus einem rhythmischen Liederbuch verwendet werden.
- Für den Einzug und Auszug eignen sich die Orgel, Trompeten und Posaunen oder andere elektronisch verstärkte Instrumente gut, die nicht im Lärm untergehen.
- Unmittelbar nach dem Trauungsritus oder vor dem Auszug kann ein Marienlied gesungen werden, als Zeichen dafür, die Ehe unter den Schutz Mariens stellen zu wollen.
- Die Lieder können vom Paar selbst ausgewählt werden, müssen aber mit dem Leiter der Liturgie abgesprochen werden.
- Zu folgenden Teilen der Liturgie sind Lieder vorgesehen bzw. möglich: Einzug, Eröffnung, Bußakt, Gloria, Antwortgesang, eventuell nach dem Trauritus, ein gesungener Fürbittruf, Gabenbereitung, Heilig, Vater unser, Lamm Gottes, Kommunion,

Schlußlied, Auszug. (Sie können natürlich auch gebetet werden.)
- Die meisten Kirchen haben einen Mittelgang, so kann bei einem Lied mit mehreren Strophen jeweils eine Strophe von der rechten Seite und eine andere Strophe von der linken Hälfte gesungen werden.
- Sehr feierlich kann ein Wechselgesang zwischen Chor (Strophen) und Gemeinde (Refrain) sein.
- Sehr von Vorteil ist, wenn ein/e KantorIn am Ambo (mit Mikrophon) steht und die Lieder anstimmt und auch begleitet.
- Zu Beginn könnten zwei Lieder gesungen werden: ein Lied für die Braut und ein Lied für den Bräutigam. Mit diesen Liedern werden beide von der Gemeinde begrüßt.

Rhythmische Lieder

Zur Auswahl von rhythmischen Liedern gibt es viele Liederbücher: Ich empfehle die folgenden drei:
- **„Singe Jerusalem“,** VKCE Steiermark, Florianibergstr. 13, Postfach 51, A-8054 Graz
- **„Du wirst ein Segen sein“,** Haus der Stille, A-8081 Rosental 50
- **„Das Lob“,** Josef Mittermair, A-4643 Pettenbach 300

Klassische Kompositionen

Entsprechen rhythmische Musikstücke nicht dem Geschmack des Brautpaares, kann man statt dessen die Liturgie mit **klassischen Kompositionen** gestalten:
Ich schlage folgende Werke vor:

Einzug:

Orgel solo:
- Richard Wagner – Hochzeitsmarsch aus „Lohengrin“
- Felix Mendelssohn Bartholdy – Hochzeitsmarsch aus „Sommernachtstraum“
- Henry Purcell – Marsch in C

Orgel und Trompete:
- Henry Purcell – Trumpet Voluntary
- Henry Purcell – Trumpet Tune
- G. F. Händel – Marsch aus „Judas Makkabäus“

Gloria:

Orgel solo:
- Joseph Haydn – Spielstücke aus der Flötenuhr
- J. S. Bach – Choralvorspiel „Allein Gott in der Höh’ sei Ehr“

Orgel und Gesang/Sopran, Alt oder Tenor:
- G. F. Händel – Largo aus „Xerxes“
- L. van Beethoven – „Ich liebe dich“

Nach dem Trauritus:

Orgel und Gesang/Sopran, Alt und Tenor:
- J. S. Bach / Ch. Gounod – Ave Maria
- F. Schubert – Ave Maria
- Friedrich Silcher – „So nimm denn meine Hände“

Orgel und Violine/Klarinette/Flöte:
- J. S. Bach – Hirtensinfonie aus dem Weihnachtsoratorium
- J. S. Bach – Air

Gabenbereitung:

Orgel solo:
- W. A. Mozart – Stücke aus dem Londoner Notenbuch, KV 15
- Joseph Haydn – Andante in F-Dur
- Joseph Haydn – Aria in F-Dur

Orgel und Flöte (Block- oder Querflöte):
- G. F. Händel – Sonate IV, Larghetto und Allegro
- G. Ph. Telemann – Sonate G-Dur, Cantabile und Allegro
- Dietrich Buxtehude – „Der Tag, der ist so freudenreich“

Sanctus:

Orgel solo:

- J. S. Bach – Choralvorspiel „Lobe den Herrn“

Orgel und Gesang/Sopran, Alt oder Tenor:

- „Großer Gott, wir loben dich“ aus dem Gotteslob Nr. 257, 3. Strophe

Kommunion:

Orgel solo:

- J. S. Bach – Choralvorspiel „Nun danket alle Gott“
- J. Haydn – Sonate G-Dur – 3 Sätze/Hob. XVI/11
- G. F. Händel – „Kuckuck und Nachtigall“, Konzert F-Dur, Nr. 13

Orgel, Trompete und Sopran:

- J. S. Bach – „Jauchzet Gott in allen Landen“

Orgel, Flöte und Gesang:

- J. S. Bach – „Jesu bleibet meine Freude“

Orgel und Gesang/Sopran, Alt oder Tenor:

- G. F. Händel – „Er weidet seine Herde“ aus „Messias“
- W. A. Mozart – Halleluja
- César Franck – Panis angelicus

Orgel und Flöte:

- W. A. Mozart – Serenade Nr. 1 in Es – Rondo
- G. F. Händel – Serenade Nr. IV – Allegro Nr. 2

Orgel und Violine:

- G. F. Händel – Sonata op. 1, Nr. 14 – Adagio und Allegro
- Arcangelo Corelli – Pastorale aus dem Concerto grosso, op. 6/8

Auszug:

Orgel solo:

- G. F. Händel – Halleluja aus „Messias“
- J. S. Bach – Sinfonia aus der Ratswahlkantate „Wir danken dir, Gott, wir danken dir“, BWV 29

- Antonio Vivaldi / J. S. Bach – Concerto a-Moll, 1. Satz

Orgel und Trompete:

- Johann Friedrich Fasch – Konzert in D, 1. Satz
- G. F. Händel – Suite in D, Marsch I und II
- Giuseppe Torelli – Sonata in D – Adagio und Allegro
- G. F. Händel – Suite in D – Ouverture

• *Einzugsprozession*

Der Einzug kann verschieden gestaltet werden.

- Bewährt hat sich eine feierliche Prozession. Zu Beginn geht der Priester mit den Ministranten, es folgt der Bräutigam mit Begleitung, dann die Festgemeinde und am Schluß geht die Braut mit Begleitung. Die Braut wird vor dem Altar dem Bräutigam übergeben.
- Oder das Paar geht miteinander am Schluß oder am Beginn der Prozession. Dies ist vor allem dann sinnvoll, wenn beide bereits einen gemeinsamen Wohnsitz haben.
- Falls das Paar am Schluß geht, können die Gäste auch ein Spalier (mit Blumen in den Händen) bilden.
- Die Traukerze und die Ringe können von Kindern eigens mitgetragen werden.
- Durch die Prozession werden die Bänke von vorne nach hinten der Reihe nach gefüllt. Falls keine Prozession stattfindet, besteht die Gefahr, daß alle in der Kirche hinten sitzen wollen.
- Zum Einzug ist es ratsam, festliche laute Musik (Orgel, Trompete ...) zu nehmen. Gitarrenmusik z. B. geht im Lärm (Gespräche, Schritte) völlig unter.
- Zum Einzug können auch die Glocken geläutet werden oder vorher schon als Einladung zum gemeinsamen Fest.
- Oder der Chor zieht singend mit ein.

- In manchen Orten gibt es eine Prozession vom Elternhaus zur Kirche, bei der die ganze feiernde Gemeinde mitgeht. Der Priester empfängt die Prozession am Hauptportal der Kirche.

• *Begrüßung und Einleitung*

Liebe lebt von der zärtlichen Aufmerksamkeit

Altarkuß des Priesters/Diakons

Kreuzzeichen

Eröffnung

Priester „Die Liebe Gottes sei mit euch!" oder
„Der Herr sei mit euch!"

Alle: „Und auch mit dir!" oder „Und mit deinem Geiste"

Einleitung des Priesters / Diakons

Beispiel:

Liebe Braut N., lieber Bräutigam N., Liebe ...

Ich freue mich, mit euch dieses Fest feiern zu dürfen, weil ...

Wir alle hier feiern zusammen mit euch dieses Fest, bei dem ihr beide einander das Sakrament der Ehe spendet und den Bund der Liebe schließt.

Als Freunde, Bekannte, Verwandte, als Kirche sind wir hier versammelt, um für euch zu beten, um euch zu zeigen, daß wir alle hinter euch stehen und euren Weg segnen wollen.

Euer Ja ist eine Ermutigung für uns selber, immer wieder ja zu sagen zu Gott und zu unseren Nächsten.

Euer Ehe-Motto, euer Trauspruch lautet: ...

Persönliche Worte ...

Persönliche Begrüßung des Paares

Nach der Eröffnung des Priesters kann auch das Paar die Festgäste persönlich begrüßen. Einen Teil der Begrüßung übernimmt die Braut, den anderen Teil der Bräutigam.

Bräutigam:

Wir beide freuen uns besonders, daß so viele gekommen sind, um mit uns das Fest der Liebe zu feiern. Die Liebe Gottes ist für uns das Fundament, auf das wir unsere Ehe und unsere gemeinsame Zukunft stellen wollen. Wir vertrauen, daß er unsere Liebesbeziehung begleitet und trägt.

Braut:
Danken möchten wir allen, die uns bisher auf unserem Lebensweg begleitet haben: den Eltern, Geschwistern, Freunden, besonders jenen, die uns viel Gutes getan haben und glaubwürdige Vorbilder waren. Danken möchten wir auch allen, die für uns gebetet haben und unseren gemeinsamen Weg segnen. In der Vorbereitung ist uns unser Trauspruch wichtig geworden: Laßt uns nun feiern.

Dank an die Eltern

Der Dank an die Eltern wird oft in die Begrüßung eingebaut oder gleich an die Begrüßung angeschlossen.

Braut:
Danke schön möchten wir heute besonders unseren Eltern sagen, die viel Zeit, Geduld ... hatten und vieles mehr für uns getan haben und noch immer tun, darum möchten wir euch als Zeichen unseres Dankes eine Uhr aus Stein schenken. Der Stein als Symbol für den Grund, den ihr in uns gelegt habt, auf dem wir weiterbauen können. *Eine Uhr aus Stein wird den Eltern überreicht.*

Bräutigam:
Die Uhr als Zeichen der Zeit sagt uns, daß ein neuer Zeitabschnitt angebrochen ist und daß unsere Zeit auf Erden begrenzt ist. Wir wollen auch in Zukunft noch Zeit haben für euch, soweit die Zeit es zuläßt.
Falls die Eltern einen Garten besitzen, kann auch ein Baum als Symbol der Dankbarkeit für das Leben, das die Eltern geschenkt haben, überreicht werden – mit persönlichen Dankesworten, die auf einem Kärtchen geschrieben stehen und am Baum hängen (jedes Elternpaar erhält einen Baum).

• *Bußakt*

Liebe lebt vom Verzeihen

Der Bußakt kann verschieden gestaltet werden. Der Ruf „Herr erbarme dich“ oder „Kyrie eleison“ oder ein Bußlied kann gesungen/gebetet werden, dazwischen können Bußgedanken von einem Gemeindemitglied gesprochen werden:

Christus, die barmherzige Liebe

Vorbeter: Herr Jesus Christus,
du bist die Quelle und der Ursprung der Liebe,
die von Herzen vergibt.
Alle: Herr, erbarme dich.

Vorbeter: Jesus, du Licht, durch das wir sehen,
du Tür, durch die wir gehen.
Alle: Christus, erbarme dich

Vorbeter: Du Wahrheit, auf die wir schauen,
du Bruder, dem wir vertrauen.
Alle: Herr, erbarme dich

Vorbeter: Du Leben, das uns gegeben,
Du Liebe, von der wir leben.
Alle: Christus, erbarme dich.

Wechselnde Pfade T. + M.: unbekannt

Vorbeter: Der barmherzige und gute Gott erbarme sich unser, er verzeihe unsere Sünden, er helfe uns, einander zu vergeben, und er führe uns zur Fülle der Liebe und des Lebens.
Amen.

Nach dem Gebet des hl. Franz von Assisi vor dem Kreuz von San Damiano

Vorbeter: Hocherhabener, lichtvoller Gott.
Erleuchte die dunkle Nacht unserer Herzen.
Schenke uns einen Glauben, der uns gegenseitig aufrichtet, eine Hoffnung, die festen Halt gibt, und eine Liebe, die Maß nimmt an der Liebe deines Sohnes Jesus Christus.
Gib uns das richtige Empfinden, deinen Willen zu tun, tiefe Erkenntnis, die uns in der Ehe weiterführt, und lehre uns den Weg zu gehen, den du uns zeigst.

Alle: Herr, erbarme dich,
Christus, erbarme dich.
Herr, erbarme dich.

Prayer For Guidance

T. + M.: John Michael Talbot
Bridwing Music/Cherry Lane Music Publishing Co.

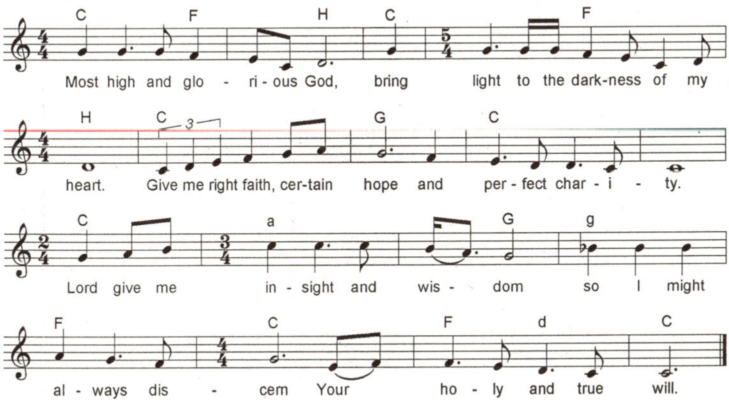

Persönlicher Bußakt mit Heilung der Lebensgeschichte

Einleitung durch den Priester

Barmherziger liebender Gott!

Unsere Schuld bläst sich oft auf, doch du vergibst von Herzen gern und löst unsere Schuld in Luft auf.

Nach jedem der folgenden Gebete wird ein aufgeblasener Luftballon direkt über die Flamme einer Kerze gehalten, bis er zerplatzt.

Auf den Ballon können vom Brautpaar auch Wörter oder Symbole der Schuld gemalt werden. Als Zeichen der Vergebung zündet der Priester die Kerze wieder neu an.

Durch den Knall wird das Licht der Kerze ausgeblasen, das bedeutet: Schuld und Sünde löscht immer auch ein Stück weit unsere Flamme der Liebe aus.

Erschaffe mir ein reines Herz

T. + M.: unbekannt

Bräutigam

Gott, ich möchte dir mein bisheriges Leben anvertrauen.

Verzeih mir, daß ich oft den Weg ohne dich gehen wollte und dich vergessen habe. Herr, ich bitte dich um Vergebung dort, wo ich meinen Eltern zuwenig Dankbarkeit entgegengebracht habe, wo ich sie verletzt und meinen eigenen Willen durchgesetzt habe. Ich möchte neu beginnen mit deiner Kraft.

Braut

Herr, ich bitte dich um Vergebung dort, wo ich der Zärtlichkeit zuwenig Raum gegeben habe, dem Gespräch mit meinem Partner und mit Gott zuwenig Zeit, der Freude und Kreativität zuwenig Phantasie. Heile meine Verletzungen und Enttäuschungen und laß mein Vertrauen neu wachsen.

Priester
Guter Gott, deiner Liebe vertrauen wir uns neu an, du löschst den glimmenden Docht nicht aus, sondern entfachst unsere Liebe immer wieder neu. Darum bitten wir durch Christus, unseren Herrn.
Amen.

• *Tagesgebete*

Liebe lebt vom Loben und Danken

Tagesgebete sollen das Thema des Tages (Festes) näher erläutern und vertiefen.

Werkzeug Gottes sein[3] (vom Paar gesprochen)

O Herr, mach unsere Ehe zu einem Werkzeug deines Friedens,
daß wir Liebe üben, wo man haßt,
daß wir verzeihen, wo man beleidigt,
daß wir verbinden, wo Streit ist,
daß wir die Wahrheit sagen, wo Irrtum herrscht,
daß wir Hoffnung wecken, wo Verzweiflung quält,
daß wir ein Licht anzünden, wo Finsternis regiert,
daß wir Freude bringen, wo Kummer wohnt.

Herr, laß uns trachten,
nicht daß wir getröstet werden, sondern daß wir trösten,
nicht daß wir verstanden werden, sondern daß wir verstehen,
nicht daß wir geliebt werden, sondern daß wir lieben.
(aus der franziskanischen Tradition)

[3] Gotteslob, Katholisches Gebet- und Gesangbuch, hg. von den Bischöfen Deutschlands und Österreichs, Nr. 71/6

Der Mensch im Kosmos der Geschichte

Guter, liebender Gott,
der du auf den Galaxien spazierengehst,
wo jeder Planet ein Exemplar deiner Vernissage ist.
Du hast unter Milliarden von Jahren diese hohe Zeit gewählt,
daß unter Millionen von Menschen diese zwei sich gefunden haben,
um miteinander ein Stück Liebes-Geschichte zu schreiben.
Du segnest ihren Bund, den sie heute vor der Kirche schließen,
darum bitten wir durch Christus, unseren Herrn.
Amen.

Du – Gebet

(vom Priester/Vorbeter gesprochen)
Du
Du, unser Gott
Du bist die Schönheit
Du, die wahre Freude
Du, unser Anfang
Du, unser Ende
Du
Du, unser Gott
Du bist die Liebe
Du, die Sehnsucht
Du, die Zärtlichkeit
Du, unser Ziel
Du
Du, unser Gott
Du gehst mit uns
Du segnest dieses Paar
Du bejahst ihren Bund
Du, unser guter Gott
Du allein.

• *Bibeltexte für die Trauung*

Das Paar sollte eine Lesung und ein Evangelium für die Trauung auswählen und gemeinsam überlegen, warum es diese Texte gewählt hat!

Unmittelbar vor der Lesung/dem Evangelium kann eine kurze Einleitung zum Text gegeben werden, mit der Begründung, warum dieser Text gewählt wurde. Dies macht die Gemeinde neugierig auf den Text.

Die Lesung oder das Evangelium könnte auch von einer Gruppe als Rollenspiel, Ausdruckstanz, durch Dias, ein Wandbild, ein Standbild oder mit Orff-Instrumenten dargestellt werden.

Lesungen

Liebe lebt vom Hören und Antworten

Zu Beginn spricht der/die LektorIn:
„Lesung aus dem Buch/Brief ..."
Als Schlußwort auf die Lesung spricht der/die LektorIn:
„Wort des lebendigen, liebenden Gottes!"
Die Gemeinde antwortet:
„Dank sei Gott dem Herrn!"

- Hohes Alter, Lust – Liebe — **Tob 8,4b–8**
- Liebt einander, weil auch Christus uns geliebt hat. Seid gütig, barmherzig, vergebt. — **Eph 4,22–24.32–5,2**
- Als Mann und Frau schuf er sie, als sein Abbild. Es war sehr gut. — **Gen 1,1.26–28.31a**
- Es ist nicht gut, daß der Mensch allein bleibt. Eltern verlassen, ein Fleisch werden. — **Gen 2,18–24**
- Wohin du gehst, dahin gehe auch ich, nur der Tod wird mich von dir scheiden. — **Rut 1,14b–17**

Tob 7,6–14	◆ Der barmherzige Gott schenke euch viel Glück.
Sir 26,1–4.13–16	◆ Die Frau als Gottesgabe
Spr 3,3–6	◆ Nie sollen Liebe und Treue dich verlassen.
Spr 31,10–31	◆ Eine gottesfürchtige Frau verdient Lob.
Spr 31,10–12.25–30	◆ Kurzfassung
Hld 2,8.10.14.16–17	◆ Stark wie der Tod ist die Liebe oder Hld 8,6–7
Hos 2,21–22	◆ Ich traue dich mir an auf ewig um den Brautpreis von Liebe und Erbarmen.
Koh 4,8–12	◆ Zwei sind besser als einer. Eine dreifache Schnur reißt nicht so schnell.
Röm 8,31b–35.37–39	◆ Was kann uns scheiden von der Liebe Christi?
Röm 12,10–17	◆ Übertrefft euch in gegenseitiger Achtung!
Röm 13,8–10	◆ Die Liebe schuldet ihr einander immer.
Röm 15,1b–3a.5–7.13	◆ Nehmt einander an, wie Christus uns angenommen hat.
1 Kor 12,31–13,8a	◆ Hätte ich die Liebe nicht, nützte es mir nichts.
Eph 3,14–21	◆ Die Länge und Breite, die Höhe und Tiefe der Liebe Christi verstehen und ermessen.
Eph 4,1–6	◆ Ertragt einander in Liebe.
Eph 5,1–2a.25–32	◆ Liebt einander, wie auch Christus uns geliebt hat.
Phil 4,4–9	◆ Der Gott des Friedens wird mit euch sein.
Kol 3,12–17	◆ Ertragt euch gegenseitig und vergebt; die Liebe ist das Band.
Hebr 13,1–4a.5–6b	◆ Die Ehe soll in Ehren gehalten werden, ich fürchte mich nicht.
1 Petr 3,1–9	◆ Seid alle eines Sinnes voll Mitgefühl und voll brüderlicher/geschwisterlicher Liebe.
1 Joh 3,18–24	◆ Wir wollen in Tat und Wahrheit lieben.
1 Joh 4,7–12	◆ Gott ist die Liebe. Wer nicht liebt, hat Gott nicht erkannt.

Lesung: Beschreibungslied der Braut

Umdichtung des kirchlichen Textes nach dem Hohenlied

vgl. Hld 7,1–11

Doppeldrehung mit meiner Traummaus, damit ich dich von allen Seiten betrachten kann. Tanze mit mir die ganze Nacht, bis das Morgenrot aufsteigt. Wie schön sind deine **Schritte** im Minirock, du Traum meiner Seele. Deine **Hüften**, so weich geschwungen in einem rauschenden Hochzeitsfest. Dein **Schoß** so prickelnd wie Chardonnay, gekeltert in der Wachau. Dein **Leib**, eine Blumenwiese mit hohen Gräsern und heilenden Kräutern. Deine **Brüste** wie Eiskugeln in einer heißen Sommernacht mit exotischen Früchten und Sahne. Dein **Hals** wie ein Fernsehturm, er hat mir den **Kopf** verdreht. Dein **Antlitz**, so strahlend wie die Sonne, ein Schmuckstück der Schöpfung, ein unaufhörlicher Lobpreis. Deine **Augen**, ein klarer Bergsee mit einem Wasserfall, geschmückt mit tiefen Wasserpflanzen. Deine **Nase** wie die Stadt Assisi, eine Perle an den Hängen von Umbrien. Deine **Haare** wie ein Pulli aus Schafwolle, von einer Künstlerin gestrickt, eine dunkle Decke mit einem bunten Band,
verweht von Bruder Wind. Wie scharf bist du und traumhaft, Kuschelherz, du gefällst mir so. Wie Bambusrohre sind deine **Beine**, sie hüpfen von einer Oktav zur anderen. Ich sage: Liegen will ich in deiner Wiese und die schönste Blume pflücken. Dein **Atem**, wie der Aufguß in der Sauna, ich will dich tief spüren in meinem Herzen. Deine **Wangen**, so weich wie Entspannungsmassage. Deine **Lippen**, so zart wie ein Glas Sekt-Orange. Deine **Zunge** wie Kaffee mit Bananenlikör, in Sahne getränkt. Ich möchte in deinen Küssen ertrinken. Deine **Haut**, so anschmiegsam wie eine „Hängematte". Laß dich berühren, denn ich stehe auf dich. Steh auf, auf ins Kino unter einem Regenschirm, der Film hat begonnen.

Lesung: Beschreibungslied des Bräutigams

Umdichtung des kirchlichen Textes nach dem Hohenlied

vgl. Hld 5,10–16

Mein Traumschatz ist ...
aufregend wie eine Rodelpartie in dunkler Winternacht, liebevoll wie der Schmusewind in den Gassen unserer Stadt der Liebe, überraschend wie ein Wasserfall aus schwindelnder Höhe, bunt und geheimnisvoll wie der Regenbogen. Sein **Haupt** wie der Abendstern, der kostbarste unter allen Sternen des Universums. Seine **Locken**, schäfchenweich, braun sind sie und schön, darin versinken möchte ich, träumen vom tiefsten Gefühl. Seine **Augen**, glänzend wie Tautropfen im Morgenlicht. Unser Geheimnis, eine Träne, Zeichen des Vertrauens und der Liebe. Die **Zähne**, strahlend wie der Kerzenschein. Seine **Wangen**, sanft wie ein Liebeslied, Flötenklang erfüllt mein **Herz** sogar in weiter Ferne. Seine **Lippen** wie die Sichel von unserem Bruder Mond, der unser Kuschelnest mit sanftem Licht erhellt. Seine **Hände**, zart wie Massageöl, liebevoll erzählen seine **Finger** die Geschichte unseres Zusammenseins. Sein **Leib**, wie eine Decke aus Pulverschnee, mich behütend unter glitzerndem Kristall. Seine **Schenkel** wie ein Gipfelkreuz, trotzend dem Unwetter des Lebens. Seine **Gestalt**, ein Vier-Mann-Zelt, darin grenzenlose Geborgenheit. Sein **Mund**, süß wie Traubensaft, ein Eintauchen in leidenschaftliche Zärtlichkeit. Aufregend sind seine Küsse, berauschend, ein getanzter Liebestraum. Das ist mein Schmuseschatz, ja, das ist mein Kuschelbär, seht ihn und freut euch mit mir!

Lesung aus dem Buch Jesus Sirach

Verschiedene Personen lesen einen Vers von der Kirchenbank aus.

- Drei Dinge gefallen mir, sie sind Gott und den Menschen an- 25,1
  genehm: Eintracht unter Brüdern, Liebe zwischen Freunden,
  Mann und Frau, die einander verstehen.
- Ein treuer Freund ist wie ein festes Zelt; wer einen solchen fin- 6,14
  det, hat einen Schatz gefunden.
- Schau hin auf alle Werke Gottes: Alle sind sie paarweise ge- 33,15
  schaffen, eins entspricht dem andern.
- Jedes Lebewesen liebt seinesgleichen, jeder Mensch den, der 13,15
  ihm ähnlich ist.
- Vögel lassen sich bei ihresgleichen nieder; Treue kommt zu 27,9
  denen, die sie üben.
- Liebe aber wird in Ewigkeit nicht ausgetilgt, Barmherzigkeit 40,17
  besteht für immer.
- Halte dem Nächsten in der Armut die Treue, dann kannst du 22,23
  mit ihm auch sein Glück genießen. Halte bei ihm aus in der
  Zeit der Not, dann hast du auch Anteil an seinem Besitz.
- Über allem strahlt die leuchtende Sonne, die Herrlichkeit des 42,16
  Herrn erfüllt alle seine Werke.
- Wie Ton in der Hand des Töpfers, geformt nach seinem Belie- 33,13
  ben, so ist der Mensch in der Hand seines Schöpfers, von ihm
  erhält er sein Geschick.
- Vertrau auf Gott, er wird dir helfen, hoffe auf ihn, er wird dei- 2,6
  ne Wege ebnen.

Evangelien

Liebe lebt von frohen ermutigenden Botschaften

Zum Evangelium können Leuchter und ein besonders gut riechender Weihrauch verwendet werden.

Texte zur Auswahl:

Mt 5,1–12a	◆ Selig sind die Barmherzigen ..., die Frieden stiften ...
Mt 5,13-16	◆ Ihr seid das Salz der Erde, ihr seid das Licht der Welt
Mt 7,21.24–29	◆ Das Haus, auf Fels gebaut
Mt 11,20–25	◆ Glaube, der Berge versetzt
Mt 13,44–46	◆ Das Gleichnis vom Schatz und der Perle
Mt 19,3–6	◆ Was Gott verbunden hat, das darf der Mensch nicht trennen
Mt 20,25–28	◆ Wer bei euch groß sein will, der soll euer Diener sein
Mt 22,35–40	◆ Du sollst deinen Nächsten lieben wie dich selbst
Mk 4,26–29	◆ Das Gleichnis vom Wachsen der Saat
Mk 8,22–25	◆ Berührung, Heilung, Blindheit
Mk 10,6–9	◆ Sie sind nicht mehr zwei, sondern eins
Lk 12,22b–31	◆ Sorgt euch nicht um euer Leben
Lk 13,10–17	◆ Die Heilung einer Frau am Sabbat
Lk 24,13–35	◆ Die Emmausjünger: begleiten und Mahl halten
Joh 2,1–11	◆ Hochzeit zu Kana ... Tut, was er euch sagt
Joh 14,12–17.21	◆ Wer meine Gebote hält, der ist es, der mich liebt
Joh 15,9–12	◆ Bleibt in meiner Liebe
Joh 15,12–17	◆ Das trage ich euch auf: Liebt einander
Joh 17,20–26	◆ Sie sollen eins sein, wie wir eins sind
Joh 10,1–10	◆ Ich bin die Tür zu den Schafen ... Leben in Fülle
Joh 10,11–18	◆ Ich bin der gute Hirte
Joh 13,1–14,31	◆ Fußwaschung
Joh 15,1–8 I	◆ Ich bin der Weinstock, und ihr seid die Reben
Joh 6,48–51	◆ Ich bin das Brot des Lebens

• *Predigt*

Beispiele für Meditationstexte und Predigt

Drei Schritte der Liebe

nach dem Johannesevangelium, 15. Kapitel

1. Schritt/Stufe

Liebt einander. Damit ist die freundschaftliche Liebe gemeint. Es ist ein Geben und Nehmen (philia). Es ist auch die erotisch sinnliche Liebe (eros). Ich kann den anderen (PartnerIn) gut riechen, schmecken, leiden, gerne sehen, hören ... Er/sie ist mir sympathisch. **Joh 15,17**

2. Schritt/Stufe

Liebt einander, so wie ich euch geliebt habe. **Joh 15,12**

Ich liebe den anderen nicht nur, weil ich von ihm Liebe empfange oder weil ich ihn gut leiden kann, sondern weil Christus ihn liebt, weil Christus in ihm wohnt, weil ich Christus in ihm sehe. Diese Liebe kann bis zur Feindesliebe gehen. Ich liebe ihn/sie, obwohl er/sie mich haßt. Christus in der Bergpredigt: Liebt eure Feinde und tut Gutes denen, die euch hassen, segnet, die euch verfluchen; vgl. Lk 6,27.28 (agape).

3. Schritt/Stufe

Es gibt keine größere Liebe, als wenn jemand sein Leben für seine Freunde gibt. Das ist die hingebende Liebe, für diese Liebe gibt es keine Begründung mehr. Gott selbst ist der Urgrund dieser Liebe. Diese Liebe gibt sich einfach hin, ohne zu fragen, was sie dafür bekommt. So liebt Gott. Er liebt einfach wie eine Quelle, die immer fließt. **Joh 15,13**

Alle drei Stufen sind für eine gute Ehe wichtig, wer sie besteigt, läßt die Liebe höher leben.

Eheführerschein

„Fahrerlaubnisklasse“

Welche Führerscheingruppen sind für die Ehe unbedingt wichtig?

E Ehe von (z. B. Patricia und Romed) (zugelassen nur für diese beiden Personen). In Liebe und Einheit können große Lasten bewältigt werden.

K Kinderwagen (berechtigt, einen Kinderwagen zu fahren; mit der Bauart a) Single, b) mit Zwillingsrädern)

G+H Garten und Haushaltsgeräte (berechtigt für: Bügeleisen, Klobesen, Staubsauger, Putzfetzen usw.; bitte beidseitig verwenden, damit es nicht zu einer einseitigen Abnützung kommt)

„Verkehrszeichen“

Glatteis – Schleudergefahr:

In der Bibel heißt es: Ihr seid das Salz der Erde. Salz kann bei Glatteis in der Ehe lebensrettend sein. Ihr sollt Salz (Würze) der Liebe füreinander sein!

Wildwechsel:

Wilder Wechsel des Ehepartners ist tödlich für die Beziehung!

Achtung, Vorrang:

Die Familie hat Vorrang vor Vereinen, Clubs, Gruppen, auch vor kirchlichen Treffen!

Achtung, Steinschlag:

Werft nicht mit Steinen (harten Worten) aufeinander, die können schwer verletzen!

Kreisverkehr:

Es gibt Situationen im Alltag, wo scheinbar nichts weitergeht, da gilt es, innezuhalten, um dem gedankenlosen Alltagstrott zu entkommen.

Ausfahrt freihalten:
Versperrt niemandem den Weg, der zu euch kommt, um Hilfe zu suchen!

Gegenverkehr hat Vorrang:

Bei gegensätzlichen Meinungen ist es ratsam, das Gespräch zu suchen. In Demut schätze einer den anderen höher als sich selbst. (Phil 2,3)

Achtung, bissiger Hund:
Sollte das einmal vor eurer Tür stehen, wird es gefährlich. Beißt einander nicht und freßt einander nicht auf!

Das Gleichnis vom „Eheauto"

Bestandteile:
Licht, Hupe, Steuer, Kindersitz, Beifahrersitz, Service, Bremse, Gas, Kupplung, Motor, Benzin, Reserverad, 4 Räder, Abgase, Spiegel, Türen, Kofferraum, Sitze, Lenkrad, Gangschaltung, Radio, Batterie, Heizung, Scheibenwischer, Fenster, Karosserie,

Mit der Ehe ist es wie mit einem Auto:
Der **Motor** ist die Liebe, die vier **Räder** bedeuten Verantwortung, Treue, Partnerschaft, Tisch- und Bettgemeinschaft. Auf ihnen rollt das Eheauto. Die **Türen** und **Fenster** sind zuständig für die Kommunikation zwischen innen und außen und mit Gott *(Gebet)*. Wer am **Steuer** sitzt, trägt die Hauptverantwortung für die gute Fahrt. Jede/r hat seinen/ihren **Platz**. Um Ermüdungserscheinungen vorzubeugen, wird rechtzeitig das Steuer gewechselt, aber nur zwischen Mann und Frau. Der **Spiegel** läßt uns Rücksicht nehmen auf andere. Die **Heizung, Lüftung, Radiomusik** sind zuständig für Geborgenheit, Lebensqualität. Nicht das Markenzeichen, die äußere **Karosserie** oder der Preis des Autos, sondern das gute Funktionieren und das Aufeinander-Abge-

stimmtsein der verschiedenen **Bestandteile** sind entscheidend für ein flottes Vorankommen. Die **Scheinwerfer** und das Rücklicht zeugen von der Ausstrahlung der Beziehung. Sie bewältigen auch die dunklen Schattenseiten. Das **Benzin** gibt Dynamik und läßt sich vergleichen mit gegenseitiger Achtung, Anerkennung, Lob, positiver Kritik, Aufmerksamkeit, Zärtlichkeit ... Unerlaubtes intensives „Küssen“ anderer Fahrzeuge beschädigt meist beide Autos. Der **Rücksitz** ist offen für Kinder, Freunde, Gäste ... Das **Service** ist Innehalten, Rekreation, Verbesserung und Erneuerung schadhaft gewordener Teile – bis zur gegenseitigen Vergebung. Der **Kofferraum** ermöglicht, Lasten zu tragen; sein Volumen ist begrenzt, er sollte mit Lasten nicht überladen werden. Oldtimer werden ist nicht einfach, braucht Liebe „in guten wie in schlechten Tagen“ ...

Meditationstext: Gang zur Quelle[4]

Klara und Franziskus wollten sich nach langer Trennung wiedersehen. Sie vereinbarten einen Ort in einem Tal bei Assisi, an dem sie sich gerne aufhielten. Auf dem Grund des Tales hatte sich ein Bach sein Bett gegraben. Nun kam es, daß Klara zur vereinbarten Zeit auf der einen, Franziskus aber auf der anderen Seite des Baches ankam. Sie standen nur wenige Meter voneinander entfernt, aber der Bach trennte sie. Klara rief Franziskus zu: „Komm herüber!“ Franziskus aber wehrte ab: „Das Wasser ist tief und reißend, es würde mich umbringen. Laß uns eine Brücke suchen.“ Sie suchten eine Brücke, aber es gab keine. „Dann können wir uns heute nicht begegnen, gehen wir nach Hause!“, sagte Franziskus traurig. Klara aber war beharrlich: „Wir gehen den Bach hinauf, bis zur Quelle. Dort ist das Wasser niedrig, wir können durchwaten und zusammenkommen.“ So wanderten sie den

[4] Vgl. dazu: Rotzetter, Anton, Klara und Franziskus, Bilder einer Freundschaft (Topos plus 309), 2. Aufl., Freiburg (CH) 1999, S. 34f.

Lauf des Baches hinauf. Der Weg wurde steil und anstrengend. Es dauerte Stunden. Aber die Freude, miteinander sprechen zu können, ließ Franziskus und Klara die Hindernisse mühelos überwinden. Schließlich kamen sie zur Quelle des Baches. Sie war lauter und klar. Sie spürten Durst. Sie schöpften mit den Händen Wasser aus der Quelle und tranken es wie eine Köstlichkeit. Das Wasser war wie ein Spiegel, darin Klara und Franziskus ihr eigenes Bild fanden. „So ist unser Leben", sagte Klara. „Wir sind unterwegs, jeder auf seinem Weg. Menschen sind nicht nur geschaffen, einander zu haben und zu genießen. Menschen sind geschaffen, miteinander zur Quelle zu finden. Menschen sind geschaffen, um Gott zu genießen."

Auslegung:
Bei trennenden Erfahrungen und scheinbar unüberwindbaren Hindernissen ist es wichtig nicht aufzugeben, sondern zu den Quellen der Beziehung der Liebe immer wieder zurückzukehren. Die Quelle ist für Franz und Klara wie ein Spiegel, in den sie schauten; dadurch entdeckten sie ihr wahres Bild, ihre Identität. Durch Selbsterkenntnis wird auch eine größere Nähe und Intimität möglich.

Eine Modell-Predigt

Allgemeines
Die Predigt bei einer Trauung sollte, wenn möglich, persönlich sein, das heißt, sie sollte mit den gewählten Bibeltexten, mit dem Leben, den Berufen, der Freizeit, den Hobbys, der Beziehung ... des Paares zu tun haben. Sehr gut eignen sich Symbole, die persönlich gedeutet werden. (Eine Schubladenpredigt aus dem Jahre Schnee, die heruntergelesen wird, sollte unbedingt vermieden werden!)

Gebet als Vorbereitung
Herr, gib mir jetzt die richtigen Worte, gib mir den richtigen Ton, Worte, die heilen, gib mir genug davon!

Liebe (Martina, lieber Markus), liebe Schwestern und Brüder!

Möglicher persönlicher Einstieg:
Zu Beginn möchte ich zwei Besonderheiten erwähnen, die für euch typisch sind.

Für euch beide ist das die erste Beziehung, wie man so schön sagt: Liebe auf den ersten Blick, das trifft man ja heutzutage eher selten. Vielleicht könnt ihr kurz aufstehen, daß es alle sehen, und euch noch einmal so ansehen wie vor sieben Jahren, als ihr euch zum ersten Mal gesehen habt. Liebe auf den ersten Blick.

Das zweite, das für euch typisch ist, daß ihr eure Ehe auf den Glauben und auf Christus gegründet habt. Wie es schon in der Einladung geheißen hat: „Durch den Glauben wohne Christus in eurem Herzen"; *vgl. Eph 3,17.*

Ihr seid ja auch bei zwei Gebetskreisen dabei, versucht mittwochs und freitags zu fasten und seid als Cursillomitarbeiter engagiert.

Nun möchte ich kurz auf die Lesung eingehen:
Da hat es geheißen: In der Liebe verwurzelt und auf sie gegründet, sollt ihr fähig sein, die Länge und Breite, die Höhe und Tiefe zu ermessen. Das ist eigentlich ein sehr mathematischer Vers, der könnte auch von Markus M. stammen.

Das wünsche ich euch, daß ihr in Christus so verwurzelt seid, daß ihr die Länge und Breite, die Höhe und Tiefe der Liebe Christi in eurer Ehe ermessen könnt. Dadurch wird Gott verherrlicht werden, wie es am Schluß der Lesung heißt.

Ein kurzes Wort zum Evangelium
Hier hat es geheißen: Nicht ihr habt mich erwählt, sondern ich habe euch erwählt und dazu bestimmt, daß ihr Frucht bringt. Das deckt sich für mich genau mit dem, was ihr nachher beim Trauritus unter anderem versprechen werdet.

Die Frage wird lauten: Seid ihr bereit, als christliche Eheleute eure Aufgabe in Ehe und Familie, in Kirche und Welt zu erfüllen? Ihr werdet mit Ja antworten. Das wünsche ich euch, daß ihr eure Berufung erkennt und eure Ehe zu einem Zeugnis für Christus in der Kirche und in der Welt wird.

Ehe in persönlichen Symbolen

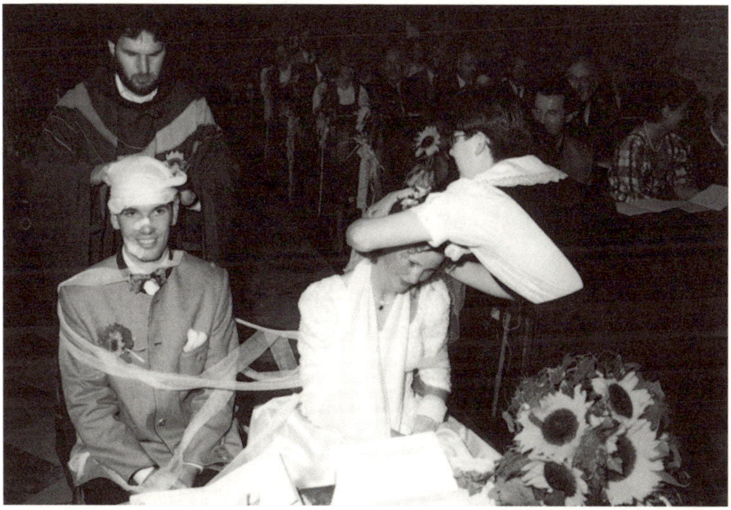

Wie es bei mir bei Hochzeitspredigten schon Brauch ist, möchte ich euch einige Symbole auf eurem Weg in die Ehe mitgeben – anknüpfend bei euren Berufen. Wie ihr alle wißt, ist die Martina von Beruf Krankenschwester und Markus ist Lehrer. Nur zu Hause ist er Hilfsarbeiter, habe ich mir beim Brautgespräch sagen lassen. Da muß er Kartoffeln schälen usw. Das ist heute so in einer modernen Ehe. Wenn man nun die beiden Berufe miteinander verbindet, kommt „Krankenschwesternschule“ heraus. Ich habe mir einige Gedanken darüber gemacht: Was lernt man in der Krankenschwesternschule über EINE GESUNDE EHE?

Mullbinde

Mit einer Mullbinde verbindet eine Schwester normalerweise Wunden. Ich denke, in der Ehe wird auch eine Wunde des Menschen sichtbar: die Sehnsucht nach Geborgenheit bei einem liebenden Gegenüber. Diese Wunde der Sehnsucht nach Liebe wird jedoch bleiben trotz bester Ehe. Jean Vanier sagt: „Das ist gut so, denn sie hält uns die Sehnsucht nach Gott offen." So ist die Binde für mich auch ein Symbol für das Eheband.

Die Mullbinde wird nun um das Paar gewickelt, so daß beide fest miteinander verbunden sind.

Es soll nicht zu locker sein, sonst macht jeder in der Ehe, was er will, aber auch nicht zu fest, sonst ist die Gefahr, daß man den Blutfluß abschnürt – z. B. in der Ehe, wenn ein Partner den anderen völlig umklammert. Das kann die Ehe ersticken. Das richtige Maß an Verbindlichkeit muß gefunden werden. Wichtig für eine gesunde Ehe ist, daß die beiden mehr Gemeinsames verbindet, als Gegensätzliches trennt. Die Gegensätze bringen zwar etwas Würze in die Ehe, wenn aber die Gegensätze überwiegen, ist meist ein konfliktreicher Weg vorprogrammiert.
Darum möchte ich die Frage an alle Paare weitergeben: Wieviel Gemeinsames verbindet euch?

Schere

Schere wird dem Paar gegeben.

In der Krankenschwesternschule lernt man, wie man mit einer Schere umgeht. Auch die Schere ist für mich ein Symbol für die christliche Ehe.
Wer weiß, wie ich das meine?
Sie besteht aus zwei gleichwertigen Teilen, in der Mitte befindet sich die Achse, die alles zusammenhält, das ist für mich Christus. Oder wer mit dem Wort Christus nichts anfangen kann, der könnte es sich auch übersetzen als die menschgewordene Liebe Gottes. Die Ehe soll ja ein Abbild der Liebe Gottes zu den Menschen sein.

Pflaster

Bei kleinen Verletzungen verwendet die Schwester ein Pflaster, In der Ehe sind die kleinen Verletzungen die Beleidigungen, Sticheleien, negativen Provokationen usw. Die Ehe kann nur dann gesund bleiben, wenn die nicht gespeichert werden wie auf der Festplatte eines PC. Je mehr negative Ehedaten gespeichert werden, um so größer ist die Gefahr, daß ein Virus entsteht.

Auf die Hände der Braut und des Bräutigams wird sichtbar ein Pflaster geklebt.

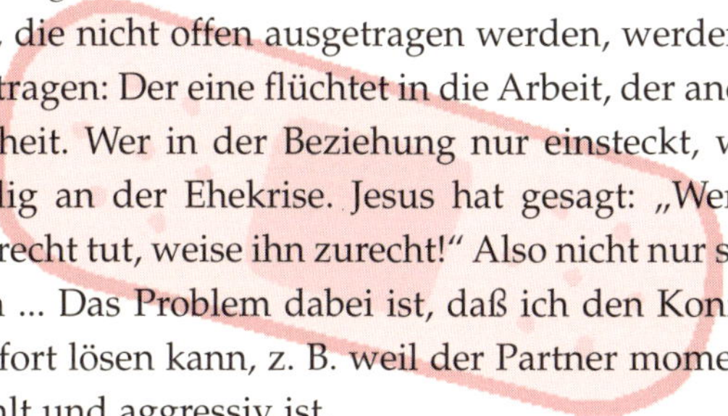

Konflikte, die nicht offen ausgetragen werden, werden nonverbal ausgetragen: Der eine flüchtet in die Arbeit, der andere in eine Krankheit. Wer in der Beziehung nur einsteckt, wird auch mitschuldig an der Ehekrise. Jesus hat gesagt: „Wenn dir jemand Unrecht tut, weise ihn zurecht!" Also nicht nur schlucken, schlucken ... Das Problem dabei ist, daß ich den Konflikt nicht immer sofort lösen kann, z. B. weil der Partner momentan sehr aufgewühlt und aggressiv ist.

Für eine gesunde Ehe bedarf es eines Rituals der Versöhnung. Was ist das?

- In unserem Kloster treffen wir uns in regelmäßigen Abständen zu einem Versöhnungsabend. Da beten wir zusammen und anschließend geht jeder mal zu jedem auf das Zimmer und bespricht mit ihm die Beziehung, anschließend erfolgt der Friedensgruß.
- ... oder ein Paar, das ich begleitet habe, erzählte: Sie versuchen, nichts Negatives in den nächsten Tag mitzunehmen. Wenn etwas zu klären ist, wird das jeden Abend vor dem Schlafengehen noch gemacht. Anschließend geben sie sich gegenseitig ein Kreuzzeichen auf die Stirn als Zeichen, daß alles o. k. ist.

Wie das Ritual aussieht, muß jedes Paar selber entdecken. Wenn alles o. k. ist, kann man ja auch eine halbe Stunde schmusen.

Dreiecktuch

Um einen Arm der Braut wird ein Dreiecktuch angelegt, ebenso ein Dreiecktuch um den Kopf des Bräutigams.

Auch in der besten Ehe kommen größere Verletzungen, Fehler vor, in der Medizin verwendet man dann ein Dreiecktuch. Ich meine hier Fehler, die einem Kopfzerbrechen bereiten. Das kennen wir noch von der Schule: Rechenfehler, Rechtschreibfehler usw. Gerade in der Schule und durch unsere Erziehung haben wir gelernt, daß Fehler schlecht sind. Wer bei einer Schularbeit eine bestimmte Anzahl von Fehlern erreicht hat, wird mit Nicht genügend beurteilt. Im Umgang mit Fehlern lernt man in der Schule nicht für das Leben, sondern eher gegen das Leben.

Die Frage lautet: Wie gehe ich mit den Fehlern des Partners um?

- Als die Glühbirne erfunden wurde, sind 100.000 Fehler, Fehlversuche vorausgegangen. Beim 100.000. Mal gab es eine neue Erfindung. Ich kann euch garantieren, wenn ihr dem Partner immer wieder die Fehler vergeben habt, wie es in der Bergpredigt steht, dann werdet ihr eine Erfindung machen: Ihr werdet beim Partner etwas Neues entdecken.
- Eine große Firma hatte einen jungen Manager eingestellt. Und dieser junge Mann hat gleich am Beginn seiner Karriere einen Riesenbock geschossen. Der Schaden für die Firma betrug sieben Millionen Schilling. Der Manager kroch in das Büro des Chefs, wagte nicht einmal mehr, sich richtig hinzusetzen, sondern setzte sich auf die Stuhlkante und sagte zum Chef: „Ich nehme an, sie werden mich jetzt wohl entlassen." Darauf sagte der Chef: „Wie kommen Sie denn darauf? Jetzt haben wir sieben Millionen für Ihre Ausbildung ausgegeben, und nun sollen wir Sie entlassen?"

Das ist natürlich ein Musterbeispiel, wie man mit Fehlern anderer umgehen kann. Es bringt gar nichts, den Partner wegen eines Fehlers fertigzumachen, sondern nur, ihm zu helfen, das Beste daraus zu machen und eine gemeinsame Lösung zu suchen.

Das eine muß ich jetzt vielleicht doch sagen: Die beiden haben sich wirklich gut auf die Hochzeit vorbereitet. Markus hat sich schon unbewußt die Haare kurz schneiden lassen, damit ich leichter den Kopfverband machen konnte, und Martina hat gleich ein kurzärmeliges Kleid angezogen – zum Blutdruckmessen.

Blutdruckmesser

Bei einem gesunden Menschen ist der Blutdruck ungefähr 120 zu 80. Wenn der Blutdruck zu niedrig ist, dann können Kreislaufstörungen auftreten. Man braucht dann z. B. einen Kaffee, um in Gang zu kommen. In der Ehe ist das der Alltag, da kann sich leicht eine Müdigkeit einschleichen. In einer Beziehung, in der nicht mehr füreinander investiert wird, ist der Ehetod auf Raten vorprogrammiert. Eberhard Mühlan sagt: „Nur in einer Ehe, in der ständig investiert wird, ist es möglich, immer verliebt zu sein."

Bei der Braut wird Blutdruck gemessen.

Wenn der Blutdruck zu hoch ist, z. B. durch Streß, besteht die Gefahr des Herzinfarkts oder Schlaganfalls.

Die Frage lautet: Wie kann ich Streß in der Ehe abbauen?

- Ein Weg ist z. B. das gemeinsame freie Gebet, denn das Gebet ist heilend. Das haben alle betenden Paare den anderen voraus.
- Ein zweiter Weg, Streß abzubauen, ist: Lob und Anerkennung. Und zwar Lob auf Grund des Seins und nicht auf Grund des Tuns. Wann haben Sie Ihren Partner zum letzten Mal gelobt auf Grund seines Seins, einfach weil es ihn gibt, und nicht weil er etwas Positives/Gutes getan hat?

Wenn sich der Blutdruck trotz Gebet und Anerkennung nicht senkt, ist es vielleicht nötig, eine Therapie aufzusuchen.

„Therapieren" heißt übersetzt: „heilen" und „anbeten"! Das wird oft falsch verstanden, da wird der Therapeut angebetet oder der Partner. Christliche Therapie bedeutet, gemeinsam Gott anzubeten, und Sie werden spüren, daß Ihre Ehe geheilt wird.

Ich glaube, jetzt muß ich aber aufhören, denn sonst geht es mir wie dem Pfarrer, der bei einer Trauung eines kirchlich eher fernstehenden Paares meinte, er müsse den ganzen Katechismus predigen, und nach einer Stunde Predigt meinte: Nun komme ich zum ersten Punkt ... Darauf bekam er nach der Messe vom Brautvater eine Ohrfeige. Damit es mir nicht auch so geht, möchte ich nun schließen! Ich danke für Ihre Aufmerksamkeit:
Amen.

Laßt euch jetzt mal anschauen, damit euch alle sehen können, bevor wir die Symbole wieder abnehmen.

Das Paar wendet sich, schwer verbunden, der Festgemeinde zu.

Früher hat es geheißen: Bis zur Hochzeit wird es schon wieder gut werden, das stimmt heute auch nicht mehr.

Alternative Trausprüche

Wer einen eigenen Vermählungsspruch mit persönlichen Worten verfaßt, möge darauf achten, daß die wesentlichen katholischen Inhalte erhalten bleiben (lebenslänglich, Treue, Liebe, freiwillig). Dies muß unbedingt mit dem Priester abgesprochen werden.

Vor dem Oberförster!

Nehme ich dich zur Frau /
zum Mann.

Ich will dir niemals etwas
vormachen und ehrlich sein.
Darum möchte ich dir die
Treue auf weitere 7 Jahre ver-
sprechen.
Du sollst dich bei mir immer
ungebunden und frei fühlen,
denn Reisende soll man nicht
aufhalten.

Ich bin bereit,
die ehelichen Pflichten in Ge-
sundheit und Krankheit in
unserer Beziehung und bei
allen Frauen/Männern, die
mich brauchen, zu erfüllen.

Trage meine Worte wie einen
Ring.
Ich will dich lieben,
beobachten und begehren,
bis der Tod der Liebe uns
scheidet.

Amen

Vor Gottes Angesicht!

Nehme ich dich an als meine
Frau / meinen Mann.

Ich verspreche dir, treu zu
sein.
In Gesundheit will ich dich
behüten,
in Krankheit dich tragen,
in den guten Tagen dich
stärken,
in den bösen den Glauben an
dich bewahren.

Ich will die Liebe
zu dir wachsen lassen,
dich als PartnerIn achten
und deine Ehre hochhalten,
bis Bruder Tod uns voneinan-
der trennt.

Trage diesen wertvollen Ring
als Zeichen meiner Liebe und
Treue.
Im Namen des Vaters
und des Sohnes
und des Heiligen Geistes

Amen

Auf die Unterscheidung kommt es an!

Lied nach dem Trauritus

Gruß dir Herrin

T.: Franz von Assisi
M.: Johannes Schneider OFM

• Fürbitten

Bei diesem Gebet sollte nicht nur an das Paar gedacht werden, sondern an alle, die unsere Bitten brauchen: Eltern, Geschwister, Ehepaare und Partnerschaften, Beziehungen, Kirche, Verstorbene der Verwandtschaft, Kranke, Notleidende; aktuelle politische oder gesellschaftliche Nöte.
Bittet, und es wird euch gegeben werden!

Fürbittrufe
Als Antwort auf jede Fürbitte können folgende Rufe gebetet oder gesungen werden:

- Wir bitten dich, erhöre uns!
- Herr, erbarme dich!
- Christus, höre uns!
- Herr, erhöre uns
- Lasset zum Herrn uns beten: Herr, erhöre uns!
- Wechselnde Pfade
- Herr, erhebe dich
- Erschaffe mir ein reines Herz
- Zu dir, o Herr, geht unser Rufen
- Sende deinen Geist aus
- Und laßt uns ihn loben
- Gott, du mein Gott

Sende deinen Geist aus T. + M. unbekannt

Fürbitten mit dem Namen

Zu jedem Buchstaben der Namen des Paares ein Wort suchen und damit eine Fürbitte gestalten.

Die Namen können mit den Begriffen groß auf ein Plakat geschrieben und zu den Fürbitten der Gemeinde präsentiert werden.

Beispiel: Girstmair

Beispiel: Helmar

H AND
E HRLICHKEIT
L IEBE
M ITTE
A NERKENNUNG
R UHE

Antwort der Gemeinde:

◆ Wir bitten dich, erhöre uns, oder:

Und lasst uns ihn loben

T.: Franz von Assisi
M.: Johannes Schneider OFM

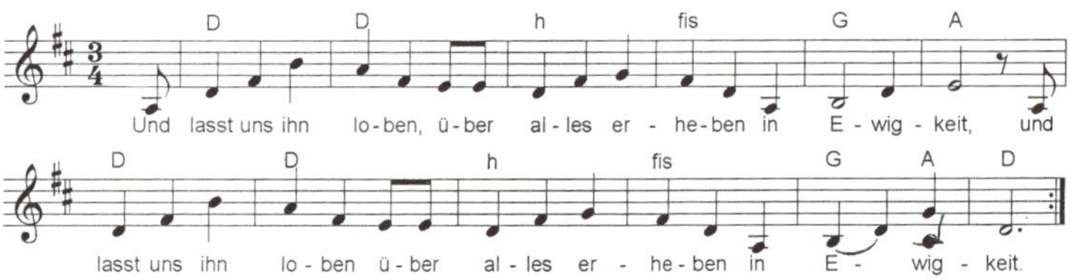

Vorbeter/Vorbeterin:

- Herr, wir bitten dich für das Brautpaar, daß die beiden einander immer wieder die Hand zur Versöhnung reichen.
- Schenke ihnen den Mut zur Ehrlichkeit.
- Gib ihnen genug Liebe für ihre Beziehung und für die Kinder, daß noch 12 Körbe voll übrigbleiben.
- Hilf ihnen, die Mitte des Lebens und Glaubens immer wieder zu suchen und zu finden.
- Gib allen Eheleuten die Kraft, einander gegenseitig genügend Anerkennung zu schenken.
- Schenke den verstorbenen Verwandten des Paares ewige Ruhe bei dir.

Fürbitten mit Symbolen

Zu verschiedenen Symbolen, die mit dem Paar etwas zu tun haben, eine Fürbitte gestalten.
Die Symbole werden jeweils nach der Fürbitte dem Paar als Geschenk überreicht.

Gott, du mein Gott

T.: Franz von Assisi, Übertragung Helmut Schlegel
M.: Winfried Heurich, C. Strube München

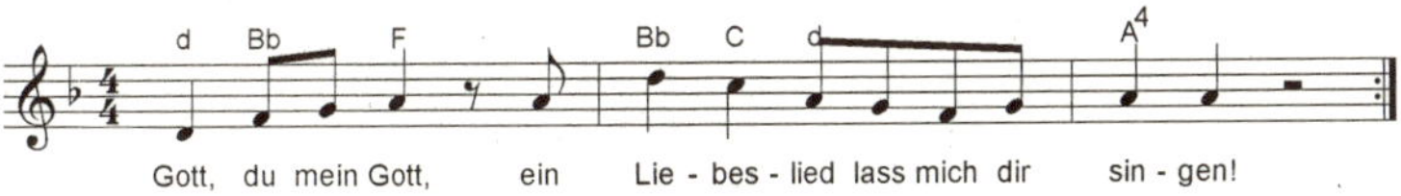

- **Ball**
  Herr, wir bitten dich, daß das Paar trotz der Sorgen des Lebens die Lust am Spielen und an der geistigen Beweglichkeit nicht verliert.
- **Kinderspielzeug**
  Schenke allen Paaren gesunde Kinder und dazu die nötige Liebe und Geduld.
- **Landkarte**
  Zeige den Ehepaaren, die in der Krise sind, den rechten Weg.

- **Buch über die Ehe**
  Gib dem Paar genug geistige Nahrung, die ihre Liebe bereichert und kreativ werden läßt.
- **Trauben**
  Hilf ihnen, sich gegenseitig anzunehmen und reiche Frucht zu bringen.

Fürbitten mit Bibeltexten

Es kann zu den Fürbitten ein siebenarmiger Leuchter verwendet werden. Nach jeder Fürbitte wird eine Kerze am Leuchter angezündet, oder für jede Fürbitte wird ein Teelicht auf den Altar gestellt, oder die Symbole werden dem Paar überreicht.

Herr, erhebe Dich (GL 526/5)

T. + M.: unbekannt

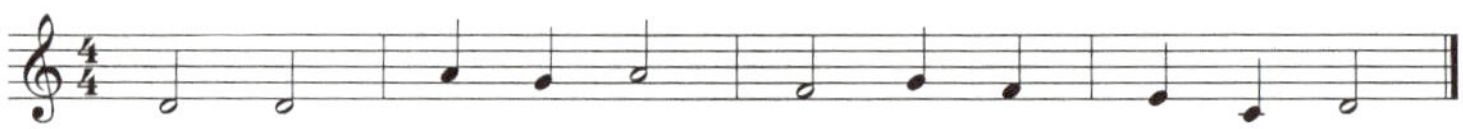

Ex 2,3
- Mose wurde in einem Korb im Schilf ausgesetzt und dadurch gerettet: Die Ehe ist heute vielen Gefahren ausgesetzt, so bitten wir Gott, daß die Ehen, die gerade in Not sind, Rettung finden.

Mt 5,13
- Jesus hat gesagt: „Ihr seid das Salz der Erde“: Wir bitten Gott, daß ihr für andere Salz seid und daß eure Ehe immer genug Würze hat.

Mt 5,14
- In der Bibel steht auch: „Ihr seid das Licht der Welt.“ Ich überreiche euch nun eine Glühbirne – mit euren Namen oder Symbolen darauf gezeichnet. Ihr sollt für die Welt Licht und Wärme ausstrahlen.

Lk 9,13
- Bei der Brotvermehrung sagte Jesus zu seinen Jüngern: „Gebt ihr ihnen zu essen!“ Wir wünschen euch, daß eure Liebe sich vermehre und Brot für viele Menschen werde, und daß davon noch 12 Körbe übrigbleiben.

- Im Hohenlied im Alten Testament heißt es: „Köstlich ist der Duft deiner Salben, dein Name hingegossenes Salböl." So bitten wir Gott, daß ihr euch immer gut riechen könnt (und übergeben euch eine Salbe). Hld 1,3
- Jesus sprach „Ich bin der Weinstock, ihr seid die Reben." Getrennt von mir könnt ihr nichts tun. Ihr möget euch stets bewußt sein, daß eure Ehe keine Frucht bringen kann, wenn ihr euch von Jesus trennt. Joh 15,5
- Im Psalm 92 heißt es: „Der Gerechte gedeiht wie die Palme, er wächst wie die Zedern des Libanon. Sie tragen Frucht noch im Alter und bleiben voll Saft und Frische." Das sei ein Bild und Zeichen für eure gemeinsame Zukunft. Ps 92,13–15

• Gabenbereitung

Liebe lebt vom Geben und Nehmen

Gabenbereitung durch das Paar

Brot und Wein stehen auf einem eigens vorbereiteten Tisch oder auf dem Seitenaltar.

Das Paar bringt die Gaben (Brot und Wein) zum Altar, der Priester oder Diakon nimmt sie entgegen.

Bräutigam:
Ich bringe das Brot des Lebens, weil ich mit meiner Braut (Frau) das Leben und den Glauben teilen möchte.

Braut:
Ich bringe den Wein als Zeichen der Hingabe, weil ich mich meinem Mann hingeben möchte und ihm Freude schenken will.

Die Gaben, die sie zum Altar bringen, werden durch den Geist Gottes gewandelt in den Leib und das Blut Christi, an denen in der Kommunion alle Anteil erhalten.

Gabengebete

Gott der Schöpfer

Gelobt seist du, mein guter Gott, für Mutter Erde, die uns allerlei gute Gaben schenkt. Nimm an das alltägliche Brot und heilige unseren Alltag, nimm an den Becher Wein als Zeichen unserer Fest-Freude, nimm an dieses Brautpaar und wandle ihre Liebe; darum bitten wir durch Christus unseren Herrn. Amen.

Gott der Hingabe

Du gütiger Gott. Deine Liebe gibt sich immer wieder neu uns hin. Du schenkst uns Zufriedenheit, Vergebung, Zärtlichkeit, Vertrauen, Achtung füreinander, und vieles mehr. Schau mit den Augen deiner Liebe auf dieses Brautpaar, das den Bund der Ehe geschlossen hat, und wandle unsere Gaben Brot und Wein, damit auch wir uns dir hingeben. Amen.

Dankgebet an Gott

Glorreicher Gott, dir sagen wir Dank: für das Wunder des Lebens, für das Geschenk der Berufung zur Ehe, für alle Charismen und Fähigkeiten, für das Wunder der Liebe, für dieses Brautpaar N.N., für alle Begegnungen, die uns bereichern, für die Gaben Brot und Wein; für alles, was du uns schenkst, sagen wir dir Dank, glorreicher Gott. Amen.

• Hochgebet

Liebe lebt von der Verwandlung und Hingabe

Zwischen den einzelnen Abschnitten des Hochgebetes könnte immer wieder ein Kehrvers gesungen werden, z. B. „Wo die Güte und die Liebe wohnt“ oder „Adoramus te“ aus Taizé, oder ein Lied gesummt werden, wobei der Priester laut das Hochgebet hineinspricht.

Heiliglied

Lobpreis Gottes für Bruder Leo

T.: Franz von Assisi
M.: Johannes Schneider OFM

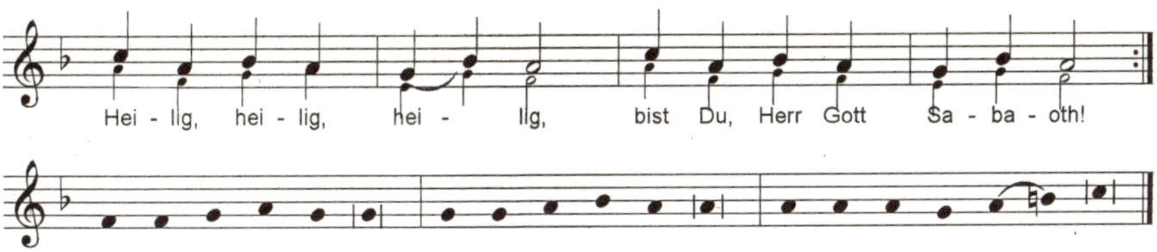

1. Du bist der Heilige, Du der Alleinige, Du der Wunderbare.
2. Du bist der Starke, Du bist der Große, Du bist der Höchste.

3. Du bist der Allmächtige, König des Himmels, König der Erde.
4. Du bist Dreifaltig, Du bist der Eine, Du bist der Gute.

5. Du Herr und Gott, Du bist der Lebendige, Du bist der Wahre.
6. Du bist die Liebe, Du bist die Minne, Du bist die Weisheit.

7. Du bist die Demut, Du bist die Geduld, Du bist die Sicherheit.
8. Du bist die Ruhe, Du bist die Freude, Du das Frohlocken.

9. Du bist die Gerechtigkeit, Du bist das Maß, Du der Reichtum in Fülle.
10. Du bist die Schönheit, Du bist die Milde, Du bist der Beschützer.

11. Du bist der Wächter, Du bist die Stärke, Du die Erquickung.
12. Du unsere Hoffnung, Du unser Glaube, Du unsere Wonne.
13. Du ewiges Leben, Du Wunderbarer, Du unser Heiland.

• *Vater unser*

- Zum Vaterunser-Gebet ist es üblich, sich die Hände zu reichen als Ausdruck der Gemeinschaft.
- Eine Möglichkeit wäre auch, daß alle die rechte Hand auf die Schulter des rechten Nachbarn bzw. der Nachbarin legen als Zeichen der Verbundenheit und die linke Hand nach oben geöffnet nach vorne strecken als Zeichen dafür, alles von Gott zu erwarten.
- Oder: Alle öffnen die Hände wie eine Schale beim Gebet oder breiten die Hände aus.

Vater unser nach dem hl. Franz von Assisi*

Vater unser
O Heiligster! Unser Schöpfer, unser Begleiter und Vertrauter, unser Fels.
Du bist im Himmel,
in den Engeln und in den Heiligen. Mit dir spüren wir den Himmel auf Erden, wenn wir einander erkennen, wenn wir einander vertrauen, wenn wir in Harmonie leben. Du, Herr, bist das höchste Gut und das größte Glück. Ohne dich gibt es nichts Gutes.
Geheiligt werde dein Name.
Mach uns mit dir vertraut, damit du in unserer Ehe einen wichtigen Platz einnimmst und wir uns dir öffnen, daß wir gemeinsam zu dir beten und von dir sprechen.
Dein Reich komme.
Schenke uns deine Kraft, auf daß das Vertrauen in uns erstarke, daß nach jedem Regen die Sonne wieder scheint, und alles gut wird. Sei da, damit wir dich sehen, hören und fühlen können, sende uns deinen Geist, deinen Beistand.
Dein Wille geschehe wie im Himmel so auch auf Erden.
Du willst, daß es uns Menschen gut geht. Wir wollen auf uns achten, unsere Kräfte einteilen, unsere Ziele nach deinem Willen verfolgen und in allem die Freiheit unserer Entscheidungen spüren.
Unser tägliches Brot, deinen geliebten Sohn, unseren Herrn Jesus Christus, gib uns heute
und laß uns ein tägliches Zeichen deiner Liebe setzen durch das Gespräch und die gegenseitige Achtung. Gib uns genug Liebe füreinander und für die Kinder, so wie Jesus uns immerwährend liebt und in seinen Armen hält.
Und vergib uns unsere Schuld.
Für die wir so anfällig sind. Wir sind oft schwach – stärke uns im Alltag, in guten und bösen Tagen, und erbarme dich unser.

* Der fettgedruckte Text wird von einer anderen Person gebetet als die Erläuterungen. Die Gemeinde steht bei diesem Gebet. (Von einer Familienrunde aus Oberösterreich.)

Wie auch wir vergeben unseren Schuldigern.
Wo wir verletzt wurden, laß uns lieben und auf den anderen zugehen. Wo wir verletzt haben, laß uns selber verzeihen. Du, Herr, hilf uns beten um Vergebung aus tiefstem Herzen, eine Vergebung, wie nur du sie uns schenken kannst.
Und führe uns nicht in Versuchungen,
deren es so viele gibt. Unser Herz hänge mehr am Partner und nicht an den Eltern, an einer anderen Sache, einem anderen Menschen. Wir wollen die Freiheit unseres Partners fördern und ihm unsere Zeit schenken, wenn er/sie uns braucht.
Sondern erlöse uns von dem Bösen.
Löse unsere bösen Tage, unsere bösen Gedanken, unsere bösen Taten immer wieder auf und wandle es in das Gute, das du in unser Herz gepflanzt hast.
AMEN.
Es geschehe, Es geschehe!

• *Friedensgruß*

Es ist der Friede des Herrn, den wir uns selber nicht geben können. Wir geben ein Zeichen des Friedens, von Person zu Person, von Herz zu Herz. Das Paar gibt den Frieden, den es empfangen hat, weiter an die Festgäste durch Händereichen oder Umarmung oder (Friedens-)Kuß besonders an die Eltern, Trauzeugen und engeren Verwandten.

• *Kommunion*

Liebe lebt von der Tischgemeinschaft

- Normalerweise erhält das Paar die Kommunion unter den beiden Gestalten von Brot und Wein.
- Es ist auch möglich, daß die ganze Gemeinde unter beiden

Gestalten kommuniziert. Dazu braucht es aber mehrere KommunionhelferInnen!

- Es wäre auch möglich, daß das Paar bei der Kommunionausteilung mithilft – z. B.: Der Priester teilt das Brot aus und links und rechts von ihm reicht das Paar den Kelch.
- Manche Paare backen selber ungesäuertes Brot (Fladenbrot) für die Eucharistiefeier. Das muß unbedingt mit dem Priester abgesprochen werden.
- Bei der Kommunionausteilung könnte zum Empfang folgendes Wort gesprochen werden:

Priester: Leib Christi, gebrochen aus Liebe zu dir
Antwort: AMEN

Priester: Blut Christi, vergossen aus Liebe zu dir
Antwort: AMEN

• *Schlußgebete*

Liebe lebt von der Anerkennung und vom Dank

Schlußgebet des Priesters

Am Schluß dieser Feier wollen wir nochmals Gott danken:
Gott, unser Gott, ein Liebeslied laß uns dir singen.
Mit allem, was wir sind, lieben wir dich, Herr und Gott.
All unser Denken, unser Fühlen, unser Hoffen und Glauben sei ein Ausdruck deiner großen Liebe.
Reiß uns stets los von allem, was uns hindert, dir zu gehören.
Schenke diesem Brautpaar deinen reichen Segen alle Tage ihres Lebens.
Amen.

Schlußgebet der Festgemeinde

Dieses Gebet wird von der ganzen Festgemeinde gebetet, dabei knien alle nieder oder stehen alle auf. (Das Paar kniet dabei.)

Gütiger und barmherziger Gott, gieße deinen reichen Segen aus über die Neuvermählten N. und N., die hier vor dir knien. Der heutige Tag verbinde sie für ein Leben in Eintracht und aufrichtiger Liebe. Deine reiche Gnade bewirke, daß sie sich gegenseitig im Glauben stärken, einander deine Liebe bezeugen, in Treue zusammenhalten, Freude und Leid teilen und miteinander glücklich werden. Mach ihr Haus zu einer Stätte des Gebetes, des Gottvertrauens und der Nächstenliebe. Beschütze sie vor Not und Unglück und gib ihnen allezeit das tägliche Brot, dessen sie bedürfen. Laß sie Freude erleben an ihren Kindern und bewahre ihnen die Verbundenheit ihrer Freunde und Verwandten. Öffne den beiden, die heute vor dir den Ehebund geschlossen und nun am Gastmahl deines Sohnes teilgenommen haben, einst die Türen zum ewigen Hochzeitsmahl im Himmel.
Dir sei Lob, Dank und Ehre in alle Ewigkeit. Amen.

Schlußgebet der Verwandten

Herr, unser Gott, zwei Menschen haben sich gefunden und sich füreinander entschieden. Sie wollen gemeinsam durch das Leben gehen. Wir freuen uns mit ihnen. Und wir bitten mit ihnen um Rat und um Mut für den gemeinsamen Weg, denn wir wissen: Der Beginn einer Ehe ist auch wie der Beginn einer Reise ins Unbekannte. Denn so vertraut sie sich als Paar auch geworden sind, so offen bleibt die Zukunft mit all ihren Möglichkeiten und Chancen, aber auch mit allen Schwierigkeiten. Herr, sie brauchen Kraft und Zuversicht, um ihren Weg gehen zu können. So sprich du zu ihnen. Hilf ihnen zu hören, was du ihnen sagen willst. Hilf ihnen, nach deinem Wort zu leben, und im Vertrauen auf dich ihre Schritte zu tun. Amen.

Schlußsegen

Der Priester breitet die Hände aus, dazu legen alle die Hände aufeinander zu einer Schale, um ganz offen zu sein.

Irischer Segen[5]

Gott sei vor dir und zeige dir den Weg –
Gott sei neben dir und begleite dich –
Gott sei hinter dir und schütze dich –
Gott sei unter dir und trage dich –
Gott sei in dir und tröste dich –
Gott sei um dich herum und schließe dich in seine Arme –
Gott sei über dir und segne dich –
So segne dich der gütige Gott,
der Vater, der Sohn und der Heilige Geist. Amen

Segenstanz siehe dazu Seite 98f.

Franziskus-Segen

Segen für Bruder Leo

T.: Franz von Assisi
M.: Christian Kuster

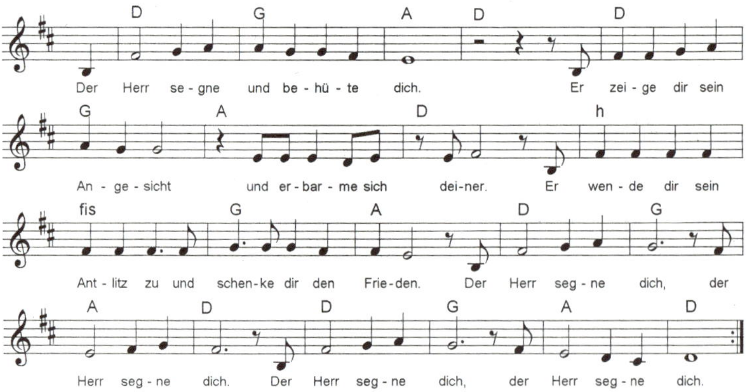

Brautsegen

Der liebende Gott segne euch mit den Küssen seines Mundes. Er verbinde eure Herzen mit dem Band der göttlichen Liebe. AMEN.

Er segne euch (in euren Kindern und) in allen Menschen, die euch begleiten. Eure Liebe möge wachsen und hundertfache Frucht bringen.
AMEN.
Der Friede Christi wohne stets in eurem Hause,
so daß viele Menschen eure Liebe erfahren.
AMEN.
Gesegnet sei eure Arbeit und Freizeit,
damit eure Ehe von Freude und Glück erfüllt werde.
AMEN.
Das gewähre euch der dreieinige Gott, der Vater, der Sohn und der Heilige Geist. AMEN.
Gehet hin in Liebe und Frieden! DANK SEI GOTT DEM HERRN.

• *Auszug*

Liebe lebt vom gemeinsamen Unterwegs-Sein

Möglichkeiten für den Auszug sind:

- Die Gemeinde bildet ein Spalier, und das Paar geht zuerst hinaus.
- Oder das Paar geht am Schluß und bleibt beim Portal zum Gratulieren stehen.
- Es wird eine Gasse gebildet, alle halten eine längere Blume in den Händen, die zur Mitte der Gasse hin hochgehalten wird, so daß mit dem gegenüberstehenden Gast ein Tor entsteht. Durch die vielen Tore schreitet nun das Paar hinaus.
- Oder es wird von allen zur Musik hinausgetanzt.
- Vom Kirchenportal an wird ein langer roter Teppich ausgerollt, auf dem nur das Paar gehen darf.
- Es können von Kindern, die vor dem Paar gehen, Blumen gestreut werden.

[5] Merz-Abt Susanne und Thomas / Pierre Stutz, Traugottesdienste, Luzern-Stuttgart 1991, S. 136

Kreativ-Elemente zum Gottesdienst

Verschiedene kreative Elemente

Transparent mit Trauspruch

Der Trauspruch könnte auf einem weißen Leinentuch oder Plakat bunt gemalt sein und von Kindern beim Einzug mitgetragen werden. Zu einem Teil der Liturgie könnte der Spruch von Kindern einmal hochgehalten werden. Das Transparent kann dann auch im Speisesaal sichtbar angebracht werden.

Unterlage für die Ringe

Floristen könnten einen Steckschwamm in Herzform mit Blumen schmücken, worauf auf einer Sonnenblume die Ringe befestigt sind, die bei der Prozession mitgetragen werden.

Textheft

Sehr bewährt hat sich, für die Liturgie ein eigenes Textheft mit allen Texten und Liedern, die von der Gemeinde mitgesprochen und -gesungen werden sollen, zu gestalten, ebenso mit dem genauen Ablauf der Liturgie, mit Symbolen, dem Trauspruch, einer Ermutigung zum Mitsingen, den Bibeltexten, einem Foto des Paares, mit den Namen der Mitwirkenden, einigen Bildern ...

Ausdruckstanz

Als sehr bereichernd wird erlebt, wenn Kinder einen Teil gestalten

- zu einem religiösen Lied (z. B. Wenn einer sagt, ich mag dich, du) wird ein Tanz zum Antwortgesang einstudiert
- oder die Kinder tanzen zu einer Musik um das Brautpaar, und jedes Kind überreicht dem Paar eine Blume.

Altarkuß

Der Altarkuß am Beginn und am Schluß der Liturgie könnte zusammen mit dem Priester vollzogen werden. Der Altar ist vom Bischof gesalbt und daher ein Symbol für Christus, den Gesalbten. So wird nicht ein Gegenstand zärtlich geküßt (begrüßt), sondern Christus.

Trauzeugen
Die Trauzeugen stellen sich beim Vollzug des Trauritus hinter das Paar. Sie bezeugen dadurch, daß sie wirklich hinter ihrem Entschluß stehen.

Segnung der Hochzeitskerze
Dieser Text könnte zur Segnung der Kerze von einer Person vorgetragen werden.

Die Hochzeitskerze spricht:

Ich habe es gesehen. Meine kleine Flamme war dabei, als ihr die Hände ineinander gelegt, die Ringe gewechselt, euch geküßt und euer Herz verschenkt habt. Ich bin mehr als bloß eine Kerze. Ich bin ein stummer Zeuge im Haus eurer Liebe und wohne nun bei euch. Wenn ihr vor Freude außer euch seid, wenn ein Kind unterwegs ist, dann zündet mich an. Zündet mich an, wenn es dunkel wird, wenn die Schatten wachsen; wenn in eurem Leben dunkle Wolken aufziehen, wenn der erste Streit hereinbricht, wenn ihr lautlos unter etwas leidet, dann zündet mich an. Zündet mich an, wenn ihr den Weg nicht mehr findet und der erste Schritt zum Partner schwerfällt; wenn ihr euch umarmen möchtet, aber die Arme sind wie gelähmt, dann will ich für euch Licht sein. Mein kleines Licht ist für euch ein deutliches Zeichen. Es spricht eine Sprache, die jeder versteht. Ich bin eure Hochzeitskerze. Ich hab' euch sehr gern. Laßt mich brennen, solange es nötig ist, bis ihr mich dann gemeinsam, Wange an Wange, ausblasen könnt.

Jemand könnte zur Segnung der Kerze während der Liturgie die Symbole auf der Hochzeitskerze für die Gemeinde kurz erklären, besonders dann, wenn die Kerze vom Paar selber gestaltet wurde.

Anzünden der Hochzeitskerze siehe Seite 113

Unterschrift der Zeugen

Die Unterschrift der Trauzeugen kann auch in den Trauritus eingebaut werden oder nach der Kommunion erfolgen, wozu eigens ein Lied gesungen wird, oder nach der Messe in der Sakristei. Während der Unterschrift der Zeugen kann ein Gebrauchsgegenstand aus Holz (zusammen mit einem Filzstift) – z. B. ein

Besen – durch die Reihen gereicht werden und alle Anwesenden geben ihre Unterschrift darauf. Dieser Gegenstand wird dann dem Paar als Erinnerung überreicht.

Lesung als Brief

Falls als Lesung ein Text aus einem der Apostelbriefe gewählt wird (z. B. Paulusbriefe des NT), könnte der Text auch schön geschrieben in einem schönen Kuvert mit der Adresse des Paares und dem Absender (z. B. Hl. Paulus) beschrieben sein. Der verschlossene Brief wird bei der Liturgie geöffnet mit den Worten: „Paulus hat uns einen wichtigen Brief geschrieben, den möchte ich nun als Lesung euch allen vortragen." Der Brief wird dann dem Paar übergeben.

Zweite Lesung

Nachdem zur ersten Lesung ein Text aus der Hl. Schrift genommen wurde, könnte zur zweiten Lesung auch eine zum Paar oder zum Thema passende Geschichte genommen werden. (Es ist dabei auf die Länge des Gottesdienstes zu achten!)

Standbilder

Einzelne Verse oder Worte der Lesung oder des Evangeliums könnten von einer Gruppe als Standbilder dargestellt werden. Zuerst wird der ganze Text gelesen und anschließend dargestellt. Eine Gruppe bereitet 3–5 Standbilder vor. Ein Standbild ist wie ein Dia. Die Personen versuchen, durch Körperausdruck den Vers ohne Bewegung darzustellen.

Aufführung:

Zur Aufführung bedarf es einer kurzen Einführung. Die Gemeinde schließt bei einem Ton eines Musikinstrumentes die Augen. Während die Augen geschlossen sind, versucht die Gruppe die Position einzunehmen und dem Bild Ausdruck zu verleihen. Sobald das Bild (Standbild) fertig ist, wird zweimal die Trommel geschlagen oder ein anderes Instrument, und alle öffnen die Augen. Ein/e SprecherIn liest gleichzeitig zur Darstellung den Vers vor. Dieser Vorgang wird bei jedem Standbild wiederholt. Es könnten auch der Trauspruch oder Gedanken zur Ehe und Liebe dargestellt werden.

Kuß des Lektionars
Nachdem das Evangelium verlesen wurde, küßt der Priester oder der Diakon das Evangelienbuch. Es ist ein Ausdruck der Ehrfurcht und der Liebe zu Jesus, der jetzt in seinem Wort anwesend ist. Das Buch könnte auch dem Paar zum Kuß gereicht werden, mit dem aufgeschlagenen Evangelium, das sie selber ausgewählt haben.

Ehesymbol – Wäschekluppe
Bei der Predigt oder bei einem anderen Teil des Gottesdienstes wird das Symbol erklärt, und anschließend erhalten alle eine Wäschekluppe aus Holz, worauf sie ihren Vornamen schreiben. Die Symbole werden wieder alle eingesammelt und dem Paar als Andenken überreicht. (Filzstifte oder Kulis zur Verfügung stellen.)

Fußwaschung
Falls das Evangelium von der Fußwaschung gewählt wird, wäre es auch möglich, daß Braut und Bräutigam nach dem Evangelium einander gegenseitig die Füße waschen als Zeichen der Bereitschaft, einander zu dienen.

Neubeginn
Als Zeichen dafür, daß das Paar sich neu auf den Weg machen will, könnten beide mit alten Schuhen in die Kirche einziehen, vor dem Trauritus die alten Schuhe ausziehen und sich gegen-

seitig die neuen Schuhe, die von den Ministranten (Freunden) mitgebracht werden, anziehen. Die alten Schuhe werden den Eltern überreicht mit Dankesworten für den Weg, den sie bis jetzt mit ihnen gegangen sind.

Der Begleittext könnte lauten:

N. und N. sind mit ihren alten Schuhen gekommen. Auch die Schuhe tragen die Spuren des bisherigen Lebens an sich. Die Spuren von Wegen, auf denen sie die Jahre hindurch gegangen sind; Spuren von Steinen und Hindernissen, an die sie gestoßen sind; Abdrücke von den Füßen, die in ihnen gewachsen sind ..., die Schuhe hinterlassen einen (Fuß-)Abdruck von dem, was bis jetzt war. Doch nun beginnt ein neuer Abschnitt auf dem Weg des Lebens. Deshalb wird das Alte ausgezogen (Eph 4,22ff.), und das Neue mit neuen Schuhen begonnen. Beide helfen sich nun gegenseitig in die neuen Schuhe. Denn sie wollen miteinander und füreinander den neuen Weg (Apg 22,4) gehen, der letztlich Christus ist (Joh 14,6), und in das Land der Freude und des Glücks führt. Die alten Schuhe werden den Eltern zurückgegeben! Das Brautpaar will damit Danke sagen für alle Begleitung und fürs Mitgehen auf dem bisherigen Lebensweg. Für die Liebe und Sorge, mit der sie „von Kindesbeinen an" an der Hand gehalten wurden; für alle Mühen und Schmerzen, die sie mitgetragen haben, wenn der Schuh drückte; dafür, daß sie wieder geputzt und poliert wurden, wenn Staub und Schmutz an den Schuhen war ...

Weinstock

Wenn das Evangelium vom Weinstock und den Reben gewählt wird, kann auch der Kirchenschmuck mit Weintrauben angereichert sein (Trauben am Altar), ebenso der Gabentisch beim Mahl. Am Schluß der Trauung wird zur Agape gesegneter Hochzeits-Wein gereicht.

Wachsen / Reifen

Alle erhalten zu Beginn des Gottesdienstes Samenkörner, die nach dem Evangelium in einen vorbereiteten Topf mit Erde gelegt werden. Das Paar kann dann diese mit Wasser begießen, oder nur die Kinder erhalten vor dem Evangelium Samenkörner, die nach dem Hören des Textes in den Topf gelegt werden.

Zum Evangelium könnte das Gleichnis vom Wachsen der Saat Mk 4,26–29 oder das Gleichnis vom Senfkorn Mk 4,30–32 gewählt werden.

Ehebaustelle

Falls das Paar beim Wohnungseinrichten oder Hausbauen ist, könnte bei der Predigt eine Ehebaustelle aufgebaut werden. Das Paar wird mit einem Baustellen-Sicherheitsband zusammengebunden. Weiters werden verschiedene Symbole überreicht (Schaufel, Kiste Bier, Besen ...), die erläutert werden.

Eheerneuerung

siehe Trauritus Seite 110

Brotbrechen

Das Paar könnte bei der Kommunion eine große Hostie brechen, miteinander teilen und einander anschließend gegenseitig den Kelch des Bundes reichen.

Segnung von Hochzeitswein und Brot

nach der Kommunion

Der gesegnete Hochzeitswein und die gesegneten Brote werden allen, die bei der Liturgie dabei waren, während der Gratulation nach der Liturgie zur Agape gereicht. Dafür wird eigens ein Tisch mit Gläsern vorbereitet.

Gemeindegeschenk

Der Pfarrer oder ein Mitglied des Pfarrgemeinderates überreicht dem Paar ein kleines Geschenk der Pfarrgemeinde als Zeichen dafür, daß sich die Gemeinde über ihren gemeinsamen Weg freut.

Kollekte

Die Kollekte ist ein Zeichen der Bereitschaft, mit anderen (Armen) zu teilen. Falls eine Kollekte stattfindet, entweder zur Gabenbereitung oder am Schluß der Liturgie, könnte der Gemeinde auch der Verwendungszweck mitgeteilt werden. Das Paar könnte dem Pfarrer einen konkreten Vorschlag machen. Die Geldsumme der Kollekte könnte beim Mahl bekanntgegeben werden.

Segensbaum

Alle Gäste erhalten vor dem Segen ein Blatt eines Baumes aus der Natur, worauf alle mit Filzstift ein Segenswort, einen Wunsch (Hoffnung, Zärtlichkeit ...) schreiben, das sie dem Paar mitgeben möchten. Die Blätter werden auf einen Zimmer-Baum gehängt, den das Paar als Geschenk erhält. (Die Blätter könnten auch aus Buntpapier ausgeschnitten sein).

Lied für die Braut

Vor dem Auszug singt der Bräutigam ein Liebeslied für die Braut.

Kerze für verstorbene Angehörige

Falls schon Eltern oder Geschwister verstorben sind, wäre es ein schönes Zeichen, sie in die Feier hereinzunehmen, indem für sie bei den Fürbitten eine Kerze an der Traukerze entzündet und auf den Altar gestellt wird.

Tänze im Gottesdienst

Trauritus mit Körperausdruck

Bei der Vorbereitung der Trauungsliturgie schlug ich einem Paar vor, den Trauritus nicht nur mit Worten zu vollziehen, sondern ihr Ja-Wort, die Annahme des Partners in Liebe und Treue, Achtung und Ehrfurcht, ganzheitlich auszudrücken. Die beiden waren von meinem Vorschlag sehr begeistert, konnten sich aber so spontan nichts Konkretes darunter vorstellen. Ich machte ihnen den Vorschlag, den alten germanischen Ritus zur Schließung eines Lehensvertrages, den sie von einem Glaubenskurs kannten, in den Vermählungsritus zu integrieren.

Bei diesem Ritus kommt die Annahme und Zustimmung zum Ausdruck. Für die anderen Begriffe (Liebe, Treue, Ehrfurcht, Achtung) mußten sie selbst einen Körperausdruck finden, ebenso sollten sie den germanischen Ritus so verändern und integrieren, daß er für sie stimmte. Ich erklärte ihnen noch, daß durch eine Reduzierung von Bewegungen bei einem Ritus mehr zum Ausdruck kommen kann als durch viele Bewegungsimpulse.

Beispiel Trauritus Maria & Thomas:
Die Braut und der Bräutigam spenden einander das Ehesakrament:
Braut und Bräutigam

- aufstehen und einander zudrehen *(Abstand 50–100 cm);* sie stehen einander gegenüber und sehen sich in die Augen *(Symbolik = Zuwendung).*

Bräutigam

- Verneigung vor Maria *(auch mit dem Oberkörper, mit gefalteten Händen);* Bräutigam richtet sich langsam wieder auf *(Symbolik = Gruß, Ehrfurcht).*
- Beide machen einen Schritt zueinander – die gefalteten Hände werden zusammengeführt, sodaß die Fingerspitzen der beiden sich berühren.

- Blickkontakt – kurze Stille – dabei keine Bewegungen ausführen = Haltung einfrieren.
- Schritt zu Maria
- Umschließen der gefalteten Hände von Maria.
- Trauspruch:
  „Maria, im Vertrauen auf Gott in unserem Bund nehme ich dich an als meine Frau.
  Ich verspreche dir die Treue in guten und in bösen Tagen, in Gesundheit und in Krankheit.
  Ich will dich lieben, achten und ehren, solange ich auf Erden lebe."
- Maria öffnet die Hände zu einer Schale, Thomas hat seine Hände ebenfalls in Form einer Schale direkt unter Marias Händen.
- Thomas legt seinen Kopf in Marias Hände – (Oberkörper vorbeugen).

- Kurze Stille = Haltung einfrieren *(Symbolik = Vertrauen, getragen sein).*
- Bräutigam richtet sich langsam wieder auf.
- Die linke Hand in die linke Hand der Braut legen – mit der rechten Hand den Ring anstecken mit den Worten:
  „Trag diesen Ring als Zeichen meiner Liebe und Treue.
  Im Namen des Vaters, des Sohnes und des Hl. Geistes. Amen."
- Kreuzzeichen auf Stirn, Mund und Herz.
- Beide falten die Hände und gehen einen Schritt zurück, sie bleiben dabei in Blickkontakt.

Braut

- Verneigung vor Thomas (auch mit dem Oberkörper, mit gefalteten Händen); Maria richtet sich langsam wieder auf *(Symbolik = Gruß, Ehrfurcht).*
- Beide machen einen Schritt zueinander – die gefalteten Hände werden zusammengeführt, sodaß die Fingerspitzen der beiden sich berühren.
- Blickkontakt – kurze Stille – dabei keine Bewegungen ausführen = Haltung einfrieren.
- Schritt zu Thomas
- Umschließen der gefalteten Hände von Thomas.
- Trauspruch:
  „Thomas, im Vertrauen auf Gott in unserem Bund nehme ich dich an als meinen Mann.
  Ich verspreche dir die Treue in guten und in bösen Tagen, in Gesundheit und Krankheit.
  Ich will dich lieben, achten und ehren, solange ich auf Erden lebe."
- Thomas öffnet die Hände zu einer Schale, Maria hält ihre Hände direkt unter die Hände von Thomas.
- Maria legt ihren Kopf in Thomas' Hände.

- Längere Stille – *(anschließend sich wieder aufrichten)*
- Linke Hand auf linke Hand von Thomas legen – mit der rechten Hand den Ring anstecken mit den Worten:
  „Trag diesen Ring als Zeichen meiner Liebe und Treue. Im Namen des Vaters, des Sohnes und des Hl. Geistes. Amen.“ *(Kreuzzeichen)*

Beide

falten die Hände und treten einen Schritt zurück, wenden sich dem Allerheiligsten zu, Verneigung vor dem Allerheiligsten, Umarmung, Kuß.

Erklärung:

Das Eheversprechen, das Schließen des Ehebundes wird auch mit dem Leib vollzogen, nach dem Vorbild des alten germanischen Ritus der Schließung eines Lehensvertrages. Dieser Ritus ist von der Kirche übernommen worden und heute noch in der Liturgie in verkürzter Form im Falten der Hände beim (Bitt-)Gebet erhalten geblieben.

Kindertanz

Choreographie: Br. Franz OFM
Personen: Kindergruppe

Aufstellung

Die Kinder stehen im Kreis rund um das sitzende Brautpaar, geben sich die Hände und blicken auf das Paar.

Wenn einer sagt, ich mag dich du

T. + M.: Andreas Ebert
Hänssler Verlag, Holzgerlingen

1. Strophe

Wenn einer sagt: „Ich mag dich, du *(alle rechte Hand aufs Herz),* ich find dich ehrlich gut" *(alle zeigen mit der linken Hand aufs Paar).*

Dann krieg ich eine Gänsehaut und auch ein bißchen Mut

(mit den Händen über den Körper streichen, als würde man sich eincremen).

Refrain La, La, La ... *(nach jeder Strophe)*

Die Kinder tanzen bei „la la la" hüpfend um das Paar in Gegentanzrichtung nach links, geben sich die Hände und schwingen dabei mit den Händen vor und zurück. Beim zweiten Teil des Refrains wird nach rechts getanzt.

2. Strophe

Wenn einer sagt: „Ich brauch dich, du, ich schaff es nicht allein!"

(alle Kinder heben die Hände und blicken nach oben – zu Gott)

Dann kribbelt es in meinem Bauch, ich fühl' mich nicht mehr klein *(alle Kinder kitzeln das Paar).*

3. Strophe

Wenn einer sagt: „Komm, geh mit mir, zusammen sind wir was."

(Paarweise im Kreis um das Brautpaar gehen und einander dabei die Hände geben.)

Dann werd' ich rot, weil ich mich freu', dann macht das Leben Spaß. *(Beide Hände vor das Gesicht geben und sich dabei um die eigene Achse drehen.)*

4. Strophe

Gott sagt zu dir: „Ich hab dich lieb, ich wär so gern dein Freund!

(Die Kinder legen dem Paar eine Hand auf irgendeinen Körperteil.)

Und das, was du allein nicht schaffst, das schaffen wir vereint!"

(Nun wird auch die zweite Hand aufgelegt und ganz nahe an das Paar herangegangen.)

Segenstanz

Hochzeitstanz mit Tüchern

Musik:	Live-Instrumentalmusik oder CD Hufeisen: Himmelsflöte oder klassische Musik
Choreographie:	Br. Franz OFM
Personen:	6–12 TänzerInnen
Text:	Ein altchristliches Segensgebet aus Irland
Material:	Zwei Tücher pro Tänzer und Tänzerin, ein großes Tuch
Aufstellung:	Alle Tänzer bzw. Tänzerinnen suchen sich einen eigenen Platz im Raum, ungefähr gleich weit entfernt vom Paar.

Ein Sprecher:

liest immer vor der Tanzeinheit oder während des Tanzabschnittes in die Musik hinein den Text des Gebetes (Mikrophon) – dazwischen Pausen.

Die Musik läuft von Beginn des Tanzes bis zum Schluß durch.

Gott sei vor euch und zeige euch den Weg –

Alle tanzen einzeln mit beiden Tüchern in den Händen frei zur Musik von verschiedenen Richtungen zum Paar und bilden vor dem Paar einen Halbkreis, dabei werden die Tücher vor der Brust auf und ab bewegt.

Wichtig: Auch wenn der Halbkreis bereits gebildet wurde, in Bewegung bleiben!

Gott sei neben euch und begleite euch –

Der Halbkreis löst sich tanzend auf in zwei Reihen links und rechts neben dem Paar. Die rechte Hand wird auf die Schulter der rechten Person gelegt, die linke Hand hält beide Tücher, dazu wiegen. (Der erste der Reihe legt die rechte Hand an den Körper.)

Gott sei hinter euch und schütze euch.

Zwei stellen sich jeweils hintereinander auf (beide mit dem Blick zum Paar), die Person, die hinten steht, legt die rechte Hand auf die

Schulter des Vordermannes oder der Vorderfrau. (Der Tänzer bzw. die Tänzerin an der Front legt die rechte Hand auf die Brust.) Die linke Hand hält weiterhin die Tücher. Dabei mit dem Körper wiegen.

Gott sei unter euch und trage euch.

Die Paarstellung wird tanzend und wiegend aufgelöst zu einem Kreis um das Paar. Beide Tücher in die Luft werfen und wieder auffangen, dann die Tücher tragend und mit den Händen nach links und rechts ebenfalls auf und ab wiegen.

Gott sei in euch und tröste euch.

(Halbkreis vor dem Paar, dazu leicht wiegen)

Die Tücher mit beiden Händen zusammenknäueln (wie einen Schneeball), so daß sie nicht mehr sichtbar sind. Anschließend beginnt einer langsam die geschlossenen Hände oben zu öffnen, so daß beide Tücher langsam wie eine Blume hervorsprießen. Der Reihe nach wachsen alle „Blumentücher" hervor.

Gott sei um euch herum und schließe euch in die Arme.

Kreistanz um das Paar in Kreuzhandfassung im Kreuzschritt.

Kreuzhandfassung:

Jeder Tänzer bzw. jede Tänzerin breitet die Arme seitlich aus und ergreift jeweils den übernächsten Nachbarn mit den Händen (alle).

Kreuzschritt:

Aufstellung im Kreis, einmal vorne und anschließend hinten die Beine überkreuzen, dabei sich gegen den Uhrzeigersinn (in Tanzrichtung) bewegen.

Gott sei über euch und segne euch.

Zwei Tänzer oder Tänzerinnen halten ein großes Tuch über das Paar, die anderen Tänzer werfen die Tücher in die Luft, die dann auf das ausgebreitete Tuch fallen.

So segne euch der gütige Gott.

Mit den Tüchern in den Händen sich zum Paar hinwenden und dabei wiegen, oder die Tücher vor dem Paar am Boden ausbreiten.

Hochzeitstanz

Die beiden Wege / Lebensgeschichten

Material: zwei verschiedenfarbige Tücher; auf einem Tuch steht der Name der Braut, auf dem anderen der Name des Bräutigams.

Musik: Der Chor singt das Lied: „Geh mit uns auf unserem Weg" oder ein Liebeslied von einer CD, oder instrumentale Musik der Band, oder 2 Instrumente (Trommel + Flöte) spielen.

Personen: Eine Tänzerin und ein Tänzer (Tänzer tanzt zur Trommel, Tänzerin zur Flöte). Dieser Tanz kann auch vom Brautpaar getanzt werden.

Choreographie: Br. Franz OFM

Aufstellung:
Beide positionieren sich an verschiedenen Stellen in der Kirche, z. B. Seitenaltar und Taufbecken.

Grund-Schritt:
Individuell, die Tänzerin tanzt einen anderen Grundschritt als der Tänzer *(Symbolik: Individualität)*.

Tänzerin / Braut:
z. B. Wechselschritt (rechts links rechts – links rechts links)

Tänzer / Bräutigam:
z. B. einfach schreiten und sich dabei mehrmals drehen.
Neben dem Grundschritt können von beiden auch Pausen, Drehungen/Kehren und individuelle Schritte eingebaut werden.
(Symbolik: Innehalten, Umkehr, den eigenen Weg gehen)
Auch das Tempo der beiden sollte verschieden sein. Beide wiegen beim Tanzen mit den Händen das Tuch *(Symbolik: Harmonie)*.

Raumweg:
Zuerst wird Richtung Mittelgang getanzt, bis beide beisammen sind, dann gemeinsam nebeneinander in Richtung Brautpaar und Altar.

Ausdruckstanz und Symbolik:

(Zwei Lebenswege treffen und kreuzen sich, tanzen den Weg gemeinsam zum Traualtar und durch das Leben.)

Beim gemeinsamen Tanzen Richtung Brautpaar tanzen beide mehrmals auseinander und wieder zusammen

(Symbolik: sich finden und verlieren)

und einmal wird mit dem Tuch sehr schnell und zackig-wild getanzt.

(Symbolik: Krisen)

Beide werfen gleichzeitig tanzend vor dem Paar das Tuch in die Luft, so daß es schwebt, und fangen das Tuch des anderen Tänzers wieder auf.

(Symbolik: im 7. Himmel schweben, auffangen = Geborgenheit, vom anderen getragen werden – Gott)

Beide tanzen einmal frei um das Paar herum.

(Symbolik: die beiden Ringe)

Beide verknoten die beiden Tücher vor dem Brautpaar und überreichen die beiden verknoteten Tücher dem Paar mit einer Verneigung. *(Symbolik: Ehebund)*

Tanz mit bunten Tüchern zum Sonnengesang des hl. Franziskus

Gabentanz

Chor:	Ein Chor singt das Lied
Personen:	6 Tänzer oder Tänzerinnen
Material:	Alle tragen ein Seidentuch, mit der Farbe passend zur Strophe des Sonnengesanges.
Aufstellung:	parallel in Prozession im Mittelgang (immer 2 nebeneinander), das Tuch in der Außenhand.
Choreographie	Br. Franz OFM

Die Gruppe tanzt schreitend und wiegend zum Altar, das Tuch wird dabei fließend bewegt.

Lobpreis der Geschöpfe

T.: Franz von Assisi
M.: Johannes Schneider OFM

3. Lob sei Dir, Herre mein, durch Schwester Wasser so rein, das so kostbar und keusch dienet allem Fleisch.
Lob sei Ihm, der erschafft Bruder Feuers Kraft, das erleuchtet die Nacht und die Liebe entfacht.

4. Sei gelobt und geehrt durch unsre Mutter die Erd, die mit Blumen geziert uns gute Früchte gebiert.
Dir sei Lobpreis geweiht, wenn wer dem Feinde verzeiht, wenn wer Krankheit erträgt von Deiner Liebe bewegt.

5. Selig jene, die arm Deinen Frieden bewahr'n, die in Sanftmut gedient werden von Dir gekrönt.
Sei gepriesen, mein Gott, durch meinen Bruder, den Tod, dem kein Mensch je entrinnt, der vor Dein Antlitz uns bringt.

6. Wer in Todsünde stirbt, die Seligkeit sich verdirbt. Selig sind, die nicht ruh'n, Deinen Willen zu tun.
Lobt und preist meinen Herrn, dankt und dienet Ihm gern,

Die Prozession teilt sich vor dem Altar links und rechts und bildet einen Kreis um den Altar. Anschließend wird gegen den Uhrzeigersinn um den Altar im Kreis getanzt. *(Symbolik: Ehe-Ring)*
Sobald die entsprechende Strophe gesungen wird, legt jeweils nacheinander eine Person tanzend (sich im Kreis drehend und verneigend) das bunte Tuch auf den Altar, so daß es teilweise noch sichtbar hinunterhängt.
Die Gruppe schreitet und wiegt im Takt dabei weiter.
Am Schluß des Liedes liegen alle Tücher auf dem Altar, worauf schließlich die Gaben gelegt werden.

Bräuche und Symbole bei der Trauung

Mit der Trauung sind eine Fülle von Riten, Bräuchen und Symbolen verbunden:

Das Hochzeitskleid

„traditionell weiß": Weiß ist die Farbe des Festes und der Freude bzw. der Auferstehung, des Lebens, der Unschuld und des ungebrochenen Lichtes.

Schleier

Zeichen der Jungfräulichkeit, Symbol der Verhüllung und des dahinterliegenden Geheimnisses.

Handauflegung / Segen

Segnung, Übertragung von Würde/Gewalt, Sendung, Besitzergreifung, Zeichen der Freundschaft und Versöhnung, Gott möchte bei jedem Sakrament unser Innerstes berühren.

Händereichen

Dieses Zeichen will sagen: Meine Hand – das bin ich selbst! Wenn ich meine offene Hand reiche, gebe ich mein eigenes Leben hin. Ich lege mich in deine Hände, die mich schützend umschließen. Bei dir finde ich Geborgenheit und Schutz.

So wie meine rechte Hand die deine umschließt, so soll meine Liebe dich umschließen und behüten. Von alters her werden Verträge per Handschlag besiegelt und geschlossen. Die rechte Hand ist auch ein Symbol für Aktivität, Stärke, Kraft und Geschicklichkeit.

Umwinden der ineinander gelegten Hände mit der Stola Dies ist ein altes Symbol des Schützens. Gottes Schutz ist ihnen zugesagt. Ihre Liebe wird eingehüllt in die Liebe Gottes. Wenn Gott für uns ist, wer kann dann gegen uns sein. Es ist auch ein Zeichen der Bindung (Bund). Die Kirche bestätigt damit den Bund der Ehe. Der Priester legt dann segnend die Hand darauf, daß alles, was sie gemeinsam in die Hand nehmen, auch von Gottes Hand getragen sein möge.

schwarz Farbe der Festlichkeit

Brautstrauß Blumen sind Zeichen des Lebens und der Schönheit, Symbol für die blühende Liebe und Fruchtbarkeit.

Wein Der Hochzeitswein ist ein Zeichen für die Festfreude, für Liebe und Sexualität.

Großes Kreuzzeichen Von der Stirn zur Brust, von Schulter zu Schulter, ganz umspannt es dich, Leib und Seele. Es ist das Zeichen der Erlösung; durch das Kreuz heiligt Christus den Menschen ganz. Der dreifaltige Gott ist in sich Beziehung und Liebe.
Ein Kreuzzeichen auf Stirn, Mund und Herz bedeutet Heiligung der Gedanken, Worte und Werke.

Kleines Kreuzzeichen Beim Trauritus ist dies auch ein Zeichen des Segens, auf daß Gottes Lebensfülle hineingenommen werde in die Seele und alles darin befruchte und weihe, das ganze Wesen, Gestalt, Seele, Tun ... Alles wird darin gestärkt, bezeichnet, geweiht in der Kraft

Christi, im Namen des dreieinigen Gottes. Das Kreuzzeichen ist immer auch eine Erinnerung und Erneuerung unserer Taufe.

Die Hochzeitskerze

Das aufsteigende Feuer soll die Gebete des Paares um Segen und Glück zum Himmel tragen. Die brennende Kerze ist ein Symbol für die hingebende Liebe, die Licht und Wärme schenkt, indem sie sich verzehrt.

Ring

Der Ring ist ein Zeichen für Unendlichkeit (ohne Anfang und Ende) und Treue. Er symbolisiert die dauerhafte Liebe, die etwas Kostbares ist (wertvolles Metall). Er ist ein Symbol für „ganz sein", „heil sein", „ungebrochen sein". Der Ring will abrunden, was noch eckig und verletzlich ist. Er richtet die Botschaft der Zusammengehörigkeit an alle aus. Er ist ein Zeichen dafür, daß es in der Ehe „rund geht".

Kuß

Zeichen der Freundschaft und der Liebe, des Friedens
Ein persönliches Zeichen für Gruß und Abschied

Brot

Das Brot wird durch menschliche Arbeit aus dem Getreide, der Frucht der Erde, gewonnen. Es ist Gottesgabe, die dem Menschen zur Aufgabe gestellt ist. Es erinnert die Eheleute an das tägliche Brot – an den Alltag.

Blumen

Zeichen der Freude, Liebe, Schönheit – oft werden Blumen von Kindern auf den Weg oder über das Paar gestreut.

(Das Streuen von Reis sollte man eher unterlassen! Da Reis in vielen Gegenden ein Grundnahrungsmittel ist, sollte man damit angesichts des Hungers in der Welt nicht herumwerfen.)

Ansteckblumen oder Bänder

Zeichen der Gemeinschaft und Verbundenheit mit dem Paar, Schmuck als Zeichen des Festes.

Symbole der Ehe

Wäsche-kluppe Die beiden gleichwertigen Teile sind Sinnbild für Mann und Frau, die Klammer für Christus, der alles zusammenhält.

Schere Die beiden Teile ergänzen sich und sind nur zusammen funktionsfähig, die Liebe (Gott) ist der Angelpunkt, um den sich alles dreht (Mitte ist Gott).

Uhr mit zwei Zeigern Einer allein kann nicht die Zeit angeben, das Uhrwerk ist die (Gottes-)Beziehung

Musik-/Video-Cassette Die beiden Spulen werden durch das Eheband (Bund) zusammengehalten und verbunden. Die Liebe ermöglicht eine gute Musik oder einen schönen Liebes-Film.

Taschenlampe mit zwei Batterien Eine Ehe bedarf der Energie und des Engagements von beiden. Die Batterien müssen immer wieder aufgeladen werden. Christus ist das Licht und die Ausstrahlung in der Ehe.

1 Flasche Wein und zwei Gläser (oder noch mehr Gläser) – Der Wein ist ein Symbol für Liebe und Erotik.

Kerze mit zwei Dochten Das eine Feuer (Licht) entfacht das andere; für jemanden Feuer und Flamme sein.

Zwei Ringe mit einem Kreuz Treue ist nur mit Gott möglich.

Schmetterling Zwei bunte Flügel, der Leib als verbindende Mitte

Nur wenn wir miteinander verbunden sind, können wir schöne Kreise ziehen.	**Ein Zirkel**
Zwei Ruder und das tragende Boot	**Ruderboot**
deren Äste ineinandergreifen.	**Zwei Bäume**
Zwei Äste, ein Stamm	**Blumenstock**
Die Zahl der Bälle ist erweiterbar.	**2 Jonglierbälle**
Frucht bringen ist eine christliche Berufung.	**Zwei Nuß-Hälften mit Frucht**
Ein tragender Griff und zwei Teile der Gabel – damit der richtige Ton gefunden wird.	**Stimmgabel**
die miteinander verbunden sind.	**Zwei Herzen**
Nur im Gesamtwerk kommt ihr wahrer Wert zur Geltung.	**Zwei Achtelnoten**
Jede Ehe braucht einen Rahmen.	**Tür mit zwei Flügeln**

Der Trauritus

Der Trauritus[6] der römisch-katholischen Kirche umfaßt mehrere Schritte.

Bereitschaft zu einer christlichen Ehe

Einleitung durch den Priester oder Diakon

Liebes Brautpaar!
Liebe N., Lieber N.! Ihr seid in dieser entscheidenden Stunde eures Lebens nicht allein. Ihr seid umgeben von Menschen, die euch nahestehen. Ihr dürft die Gewißheit haben, daß ihr mit dieser Fest-Gemeinde und mit allen Christen in der Gemeinschaft der Kirche verbunden seid. Zugleich sollt ihr wissen: Gott ist bei euch. Er ist der Gott eures Lebens und der Liebe. Er heiligt eure Liebe und vereint euch zu einem untrennbaren Lebensbund. Ich bitte euch zuvor, öffentlich zu bekunden, daß ihr zu dieser christlichen Ehe entschlossen seid.
Das Jawort auf die Frage der gut überlegten und freien Entscheidung füreinander. Wozu sagen wir **JA**? *(Paar steht auf.)*

Der Priester (Diakon) fragt den Bräutigam

N., ich frage dich: Bist du hierhergekommen, um nach reiflicher Überlegung aus freiem Entschluß mit deiner Braut N. den Bund der Ehe zu schließen?
Antwort: **JA**
Willst du deine Frau lieben und achten und ihr die Treue halten alle Tage eures Lebens, bis der Tod euch scheidet?
Antwort: **JA**
Bist du bereit, die Kinder, die Gott euch schenken will, anzunehmen und sie im Geiste Christi und seiner Kirche zu erziehen?
Antwort: **JA**

[6] Kleines Rituale, hg. von den Liturgischen Instituten Salzburg, Trier, Zürich 1980, S. 57ff.

Der Priester (Diakon) fragt die Braut

N., ich frage dich: Bist du hierhergekommen, um nach reiflicher Überlegung aus freiem Entschluß mit deinem Bräutigam N. den Bund der Ehe zu schließen?
Antwort: **JA**
Willst du deinen Mann lieben und achten und ihm die Treue halten alle Tage eures Lebens, bis der Tod euch scheidet?
Antwort: **JA**
Bist du bereit, die Kinder, die Gott euch schenken will, anzunehmen und sie im Geiste Christi und seiner Kirche zu erziehen?
Antwort: **JA**
Seid ihr bereit, als christliche Eheleute eure Aufgabe in Ehe und Familie, in Kirche und Welt zu erfüllen?
Antwort: (beide) **JA**

Segnung der Ringe (und Hochzeitskerze)

Die Ringe werden mit Weihwasser (Symbol für das Leben) besprengt.

Der Priester (Diakon) betet

Der allmächtige Gott segne + diese Ringe, die Zeichen der ehelichen Bindung. Er erhalte die Ehegatten, die diesen Ring tragen werden, in unverbrüchlicher Treue zueinander, damit sie in seinem Frieden und in seinem Willen leben. Darum bitten wir durch Christus, unseren Herrn. Amen.
(Falls auch die Kerze gesegnet wird:)
Segne diese Hochzeitskerze als Zeichen der Hingabe und schenke dem Paar Licht und Wärme in der Ehe.
Siehe dazu auch Seite 86 und 113

Großer Vermählungsspruch

Die Vermählungsworte sollten auswendig gesprochen werden! (Wem es nicht wert ist, diese wenigen wichtigen Zeilen zu lernen, der möge die Finger davon lassen!) Ev. Funk-Mikrophon verwenden.

Beide drehen sich zusammen, so daß sie sich gegenüberstehen und in die Augen sehen können!

Der Bräutigam (nachher die Braut) nimmt den Ring und spricht

N., ich nehme dich an als meine Frau/meinen Mann und verspreche dir die Treue in guten und in bösen Tagen, in Gesundheit und in Krankheit. Ich will dich lieben, achten und ehren, bis der Tod uns scheidet.

Er/sie steckt den Ring an als Zeichen der Treue und Verbundenheit und fährt fort:

Trag diesen Ring als Zeichen der Liebe und Treue. Im Namen des Vaters und des Sohnes und des Heiligen Geistes. Amen.

(Dabei zeichnen die beiden einander gegenseitig das kleine Kreuzzeichen auf die Stirn, den Mund und die Brust.) An dieser Stelle ist es besonders angebracht, sich zu küssen!

Erneuerung der Ehe aller anwesenden Ehepaare

Während die Brautleute den Vermählungsspruch sprechen, könnten alle verheirateten Paare in den Bänken niederknien oder aufstehen, sich die Hände reichen und die Worte still innerlich mitvollziehen.

Als Abschluß (gleichzeitig mit dem Brautpaar) einander umarmen und einen Kuß geben.

Die Bestätigung der Vermählung

Priester (Diakon)

Nun reicht einander die rechte Hand.

Der Priester/Diakon umwindet die beiden ineinandergelegten Hände mit der Stola, legt darüber seine rechte Hand und spricht als Zeichen der Bestätigung folgende Worte:

Der Herr, unser Gott, festige den Ehebund, den ihr vor ihm und seiner Kirche geschlossen habt.

Oder: Im Namen Gottes und der Kirche bestätige ich den Ehebund, den ihr heute geschlossen habt.

Euch alle aber, die ihr zugegen seid, nehme ich zu Zeugen dieses heiligen Bundes; „was Gott verbunden hat, das darf der Mensch nicht trennen."

Das Segensgebet

Das Paar kniet nieder. Der Priester/Diakon legt die Hände auf sie und spricht über sie ein Segensgebet (Brautsegen). Dazu können auch die Trauzeugen, Eltern, Freunde oder die eigenen Kinder eingeladen werden, ebenfalls die Hände aufzulegen:

Der Priester (Diakon) Laßt uns zum Herrn beten für diese Brautleute, die gekommen sind, um Gottes Segen zu erbitten, damit sie alle Tage ihres Lebens in Liebe und Treue verbunden bleiben.

Heiliger Vater, du hast den Menschen erschaffen und ihn als Mann und Frau gebildet, damit beide, im Ehebund vereinigt, ein Abbild deiner Liebe zu uns Menschen seien. Ein Fleisch geworden, sollten sie eines Herzens sein, ihr Bund aber sollte zugleich ein lebendiges Bild jenes Bundes sein, den du mit deinem Volk geschlossen und immer wieder erneuert hast. Als die Fülle der Zeit gekommen war, hast du die Tiefe deines Ratschlusses offenbar gemacht und im Ehesakrament das innerste Geheimnis des Bundes zwischen Mann und Frau kundgetan als Sinnbild der Vereinigung Christi und seiner Kirche. Um der Liebe willen, die Christus mit seiner Kirche verbindet, bitten wir dich, Herr: Gieße deinen Segen aus über die Neuvermählten, die hier vor dir knien. Der heutige Tag verbinde sie in Eintracht und aufrichtiger Liebe zur ehelichen Gemeinschaft. Deine Gnade bewirke, daß sie sich gegenseitig im Glauben stärken, einander deine Liebe bezeugen, in Treue zusammenstehen, Freude und Leid teilen und miteinander glücklich werden. Mache ihr Haus zu einer Stätte des Gebetes, des Gottvertrauens und der Nächstenliebe. Beschütze sie vor Not und Unglück und gib ihnen allzeit das tägliche Brot, dessen sie bedürfen, (laß sie Freude erleben in ihren Kindern) und bewahre ihnen die Verbundenheit von Freunden und Verwandten. Öffne den beiden, die heute vor dir den Ehebund geschlossen haben (und nun teilha-

ben am heiligen Gastmahl deines Sohnes), einst die Tür zum ewigen Hochzeitsmahl im Himmel.
Darum bitten wir durch Christus, unseren Herrn.
Alle: Amen.

Entzünden der Hochzeitskerze

Es ist angebracht, daß der Bräutigam und die Braut gemeinsam die Hochzeitskerze entzünden, während vielleicht ein Lied gesungen oder ein Instrumentalstück gespielt wird.
Der Priester überreicht beiden ihre Taufkerze (oder eine andere längere Kerze), mit der sie gemeinsam an der Osterkerze oder vom Licht der Altarkerzen die Hochzeitskerze entzünden. (vgl. S. 86, 109)

Das Fest nach der Trauung

Das Hochzeitsmahl

Programm

Aperitif
Begrüßungsrede
Vorstellen der Hochzeitsgäste durch das Brautpaar
Tischgebet
Eröffnung des Büffets/Mahles
Das Glas erheben auf das Paar
Anschneiden der Hochzeitstorte
Gedichte und Gesang
Eröffnungstanz
Tanzmusik

Variante 1

Speisekarte kreativ

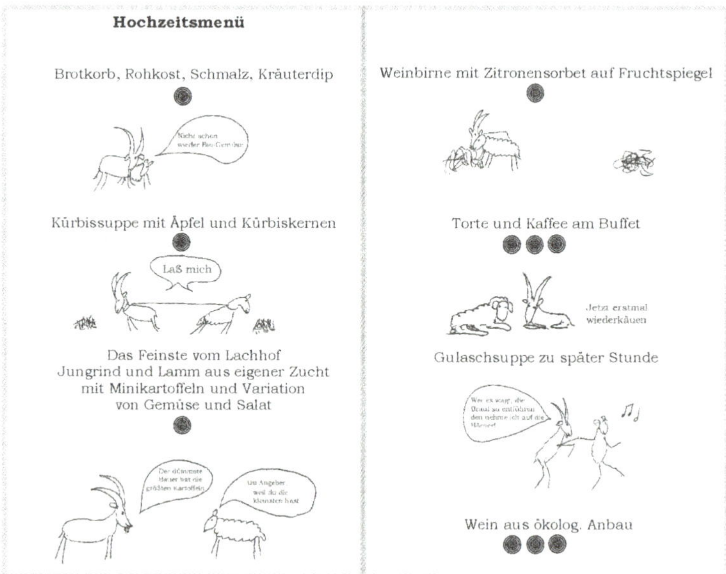
Hochzeitsmenü

Brotkorb, Rohkost, Schmalz, Kräuterdip

Kürbissuppe mit Äpfel und Kürbiskernen

Das Feinste vom Lachhof
Jungrind und Lamm aus eigener Zucht
mit Minikartoffeln und Variation
von Gemüse und Salat

Weinbirne mit Zitronensorbet auf Fruchtspiegel

Torte und Kaffee am Buffet

Gulaschsuppe zu später Stunde

Wein aus ökolog. Anbau

Variante 2

In die Speisekarte können die Namen der Eltern oder Geschwister eingebaut werden.

Wir, N. und N., dürfen euch zum Hochzeitsmahl nach dem (Osttiroler/Zillertaler ...) Ritus herzlich willkommen heißen. Wir sind eine Tischgemeinschaft, daher bitten wir alle, sich zusammenzusetzen, damit keine Sessel frei bleiben. Jeder möge dort seßhaft werden, wo er sich wohl fühlt. Sonderwünsche wie füttern, vorkauen, nachholen ... bitte dem Wirt melden!

Ein franziskanisches Tischgebet (Kanon)

Vorspeise	Ein warmer Händedruck mit tiefgekühlter Herzlichkeit
Suppe	Klostersuppe mit eingelegten Fritzdatten
Hauptgerichte	Schnitzel mit Reissalat
	Kalbsbraten mit Grünfutter
Nachspeise	Heißer Kaffee mit Christl's Tortenschuhcreme
	Erfrorenes mit oder ohne Schnee und Hagel
Getränke	Ötztaler Missionswein
	Haller Langweiler
	Trockenreden – Auslese oder Vorgelese
	Hermann-Bier mit Schaum ohne Faßl
	Mineralgewässer pur oder aufgespritzt
	Antialkohöllische Säfte nach Martin

Eine nette Unterhaltung und einen guten Appetit wünscht euch von Herzen das Paar N. N.

Die Gestaltung des Abends

• *Eröffnung*

Einleitung des Abends

Wenn die Abendgestaltung im selben Raum wie das Hochzeitsmahl stattfindet, sollte nach dem Mahl genügend Zeit gegeben werden, um die Tische abzuräumen, Platz zum Tanzen zu schaffen oder sich umzuziehen. Fixe Beginn-Zeit nennen!

Damenspende

Beim Einlaß in den Hochzeitssaal könnte eine Damenspende überreicht werden (z. B. ein von Braut und Bräutigam selbst gebackenes Keks in Form eines Herzens, Ringes).

Eröffnung mit einem originellen Tanz

Die Hochzeitsgäste bilden einen großen Kreis, der erste Tanz gehört dem Brautpaar. Viele beginnen mit einem traditionellen Wiener Walzer, anschließend wird die Tanzfläche freigegeben.

Liebestanz

Das Brautpaar beginnt mit einem Liebestanz. Der Bräutigam hat eine rote Rose ohne Dornen im Mund. Zur Walzermusik oder zur Lieblingsmusik der beiden wird zuerst frei (alleine) im Raum getanzt, nach einiger Zeit wird die Distanz verringert, und der Bräutigam übergibt in Zeitlupe mit dem Mund ohne Hände die rote Rose. Die Braut übernimmt mit dem Mund die Rose, nun tanzen beide zusammen (Walzer). Die Braut hält dabei die Rose mit den Lippen bis zum Ende des Tanzes.

Lustige Begrüßungsrede

Auf einer schönen Papierrolle wird eine Begrüßungsrede vorbereitet. Die Eigenschaftswörter werden dabei ausgelassen.
Unmittelbar vor der Rede werden die Gäste gebeten, positive Eigenschaftswörter laut zu nennen, die sie mit dem Paar verbinden. Die Wörter werden nach der Reihe in die Rede eingefügt und schon wird die Rede gehalten:

.... Braut .... Bräutigam! .... Hochzeitsgäste! Am Beginn dieses .... Abends möchte ich Sie als .... (Brautvater) recht .... begrüßen. Es ist mir eine .... Freude, einige .... Worte zu Ihnen sprechen zu dürfen.
Meine .... Tochter hat einmal .... gesagt, wie ihr .... Traummann aussehen muß. Allen .... Gästen wünsche ich einen .... Abend, eine .... Unterhaltung, ... Tänze und .... usw.
Zum Schluß möchte ich das .... Glas erheben und auf unser .... Paar anstoßen. Ich danke .... für Ihre .... Aufmerksamkeit!

Vorstellen der Gäste durch das Paar

Das ist besonders interessant, wenn die beiden Verwandtschaften sich kaum kennen. Die Braut stellt ihre Freunde und Verwandten vor, ebenso der Bräutigam die seinen. Die Personen bzw. Gruppen (Verein, Arbeitskolleginnen oder alle, die schon mit der Braut zusammengewohnt haben ...), die vorgestellt werden, stehen dabei jeweils auf. Interessant ist dabei nicht nur der Name, sondern welche Beziehung sie zum Paar haben.

Partnersuche

Damen und Herren bekommen zu Beginn beim Eingang eine Karte mit einem Kennwort (z. B. Lilie). Je zwei Karten mit dem gleichen Kennwort gehören zusammen. Die Herren haben nun die Aufgabe, die Dame mit demselben Kennwort zu finden. Mit ihr soll er ein Glas trinken und einmal tanzen.

• *Festideen*

Saaldekoration

Bei der Einladung wird schon ein Foto von allen eingesammelt. Zu jedem Foto wird ein Spruch geschrieben oder es werden ein paar originelle Worte verfaßt, die zu dieser Person passen. Die

Fotos werden an Schnüren befestigt im Hochzeitssaal aufgehängt oder an den Wänden befestigt. Falls Tischkarten gemacht werden, könnten sie auch dafür verwendet werden.

Geschenktisch

Die Gäste lieben es, wenn ihr Geschenk nicht sofort nach der Übergabe in einem Kofferraum eines Autos verschwindet, sondern wenn ein schöner Geschenktisch im Saal aufgebaut wird, wo alle Geschenke festlich präsentiert werden. Der Geschenktisch macht auch optisch ein schönes Bild.

Showeinlage des Paares

Eine Einlage mit den eigenen Fähigkeiten zum besten geben (Lied, Gedicht, Witz, Tanz), dadurch wird die Feststimmung gehoben.

Tortenbüffet

Statt Blumen bringen die nächsten Verwandten und Freunde Torten, Kuchen für ein Büffet mit.

Anschneiden der Hochzeitstorte

Das Anschneiden der Torte wird vom Paar gemeinsam vollzogen, vielleicht unter Begleitung der Band. Die Hochzeitstorte sollte vorher allen sichtbar präsentiert werden, wenn möglich mit dem Namen des Künstlers, der sie kreierte.

Kindertisch

Die Kinder sitzen beim Mahl an einem eigenen Tisch mit spezieller Kinder-Dekoration.

Hochzeitszeitung

Die vorbereitete „Hochzeitszeitung“ wird präsentiert und gegen Spenden abgegeben. Vgl. dazu Seite 144ff.
Ein bekanntes Lied mit Refrain umdichten.
Playback: Ein bekanntes Liebeslied playback vortragen.

Suppe auslöffeln

Falls es beim Mahl eine Suppe gibt, werden dem Paar ein Suppenteller und ein Löffel weggenommen. Nun müssen sie gemeinsam aus einem Teller und mit einem Löffel vor allen essen, da sie sich die Ehesuppe auch gemeinsam selber „eingebrockt“ haben.

Originell servieren

Das Menü wird (nur dem Paar) nicht vom Wirt serviert, sondern auf originelle Weise von Freunden und Bekannten wie in einem 6-Sterne-Hotel. (Mit Kerzenträgerinnen, Vortänzerinnen, mit Musik und Gesang auf originellen schönen großen Gefäßen.)

Hochzeitswein

Der Tischwein wird mit einer am PC angefertigten Hochzeitsetikette versehen. Mit dem Namen der Braut und des Bräutigams darauf, dem Jahrgang der Hochzeit und einigen persönlichen witzigen Worten: Spritziges, kraftvolles Liebesaroma, aus sonnigem Anbaugebiet ... (Wohnort des Paares), dynamische Auslese zweier Liebender ...

Liebesmahl

Falls das Festmahl ein großes Büffet mit Selbstbedienung ist, könnte ein Liebesmahl stattfinden. Nachdem alle Gäste Platz genommen haben, begrüßt nun jede/r seine/n linke/n und rechte/n NachbarnIn mit einem Händedruck. Nun fragt jeder seine beiden Nachbarn, was sie zu essen und trinken haben möchten, und bringt diesen ihr selbst gewähltes Menü. Niemand darf sich selber etwas vom Büfett nehmen.
Kinder singen ein Lied oder führen einen Tanz auf

Diashow

Aus verschiedenen Fotos von Braut und Bräutigam eine Fotocollage machen, die Fotos verändern (Tierkörper usw.), diese zu Dias verarbeiten und eine Show gestalten, die mit dem PC vorgeführt wird. Dazu passende Musik zu den Dias suchen.

Kreativer Abschluß

Zu einem Fest gehört auch ein Abschluß.

- Am Schluß tanzt das Paar noch einmal den letzten Tanz alleine, die Gäste bilden einen Kreis und applaudieren. Es wird das Lied „Wahre Freundschaft“ oder ein anderes romantisches Lied zum Abschied gesungen. In dieser Zeit geht das Paar im Kreis und verabschiedet sich persönlich von jedem, der noch bis zum Schluß ausgehalten hat.

- Anschließend wird das Paar mit Musik hinausgespielt, begleitet von den Musikanten und Freunden bis zum Auto.
- Oder das Paar wird während des Tanzes mit einem langen Band (oder Klopapier) von einem/r Tänzer/in eingewickelt, indem um das Paar getanzt wird und das Paar mehr und mehr verbunden wird, anschließend werden beide mit einem Besen hinausgekehrt.
- Oder die Freunde bilden ein Spalier, und das Paar verabschiedet sich tanzend durch das Spalier.
- Oder es wird mit einem Leintuch und einem Kissen in der Mitte des Saales ein Ehebett improvisiert, worauf sich das Paar begeben muß. Anschließend mit einem großen Tuch zugedeckt, so daß sie nicht mehr sichtbar sind. Nach einiger Zeit werden sie eingehüllt hinausgetragen oder bleiben mit dem Chauffeur allein zurück.

• *Spiele*

Brautstehlen

Das Brautstehlen ist in vielen Gegenden üblich. Dies soll jedoch gut organisiert sein, damit die Hochzeitsgesellschaft nicht auseinandergerissen wird und kein Leerlauf entsteht. Es ist ratsam, nicht öfter als einmal die Braut stehlen zu lassen. Weiters sollte die Braut nicht zu lange weg sein. Beim Brautstehlen wird meist Sekt getrunken. Der Bräutigam muß die Braut auslösen, indem er eine gestellte Aufgabe erfüllt, z. B. eine Strophe eines Liedes singen.

In der Zeit, während der Bräutigam abwesend ist, können Witze erzählt oder lustige Lieder gesungen werden. Zum Suchen der Braut nimmt die Begleitung des Bräutigams z. B. eine

pedalo
pedalo

Laterne mit, um die Braut besser zu finden. Manchmal geht die ganze Hochzeitsgesellschaft auf die Suche mitsamt der Band: Nach dem Finden erfolgt ein feierlicher Einzug in den Hochzeitssaal, anschließend wird der Dieb bestraft, z. B. muß er lustige Bewegungen nachmachen.

Mancherorts ist es auch Brauch, daß der Bräutigam gestohlen wird. Es wäre auch möglich, die Braut an einen originellen Ort zu entführen (Bauernhof, Kinderspielplatz), an dem eigens etwas Lustiges (Spiel) vorbereitet ist.

Fotoalbum Ein schöner Bilderrahmen (Gold) ohne Bild und eine Sofortbildkamera wird dazu benötigt. Jede Familie (bzw. jedes Paar) kann ihre Köpfe in den Rahmen hineinstecken, dazu lustige Grimassen schneiden, und schon wird geblitzt. Das Foto wird sofort in ein Album geklebt, wozu die Familie einen netten Kommentar schreiben kann. Und schon wird der Rahmen der nächsten Familie umgehängt.

Liebesspiel Jemand hat eine alte Schachtel in der Hand und läuft durch den Saal. Der Bräutigam muß die Schachtel fangen. Sobald er sie berührt hat, muß er die Frage beantworten: „Liebst du deine Frau?" Dieser Akt wird zweimal wiederholt. Am Schluß wird ihm die Frage gestellt: „Liebst du deine Frau wirklich?“ – Antwort des Bräutigams. – Frage des Spielleiters: „Warum läufst du dann einer alten Schachtel nach?“

Herrenballett Männliche Freunde kleiden sich mit Damenballettlook und geben eine einstudierte Choreographie zum besten.

Versteigerung Das Strumpfband der Braut wird für das Paar versteigert. Die Versteigerung muß gut und witzig eingeleitet werden und darf nicht zu lange dauern, sonst kann die Stimmung sinken.

Luftballon steigen

Alle Gäste erhalten eine vorgedruckte Karte mit der Adresse des Paares als Empfänger, worauf sie persönlich schreiben können, was sie für das Paar wann tun möchten (Unterschrift und Adresse des Absenders nicht vergessen). (Auf der Karte ist für den Finder eine kurze Erklärung darauf gedruckt, damit er/sie den Sinn der Aktion versteht und motiviert wird, die Karte abzusenden.) Anschließend werden Luftballone mit Leichtgas gefüllt, die Karten einzeln daran befestigt und nach einem Zeichen gemeinsam im Freien in den Himmel entlassen. Falls jemand auf der Welt die Karte findet und sie an das Paar schickt, kann das Paar die Karte bei derjenigen Person einlösen.

Orangenspiel

Es spielt die Hochzeitsgesellschaft der Braut gegen die Hochzeitsgesellschaft des Bräutigams. Beide Gesellschaften stellen sich in einer Reihe hintereinander auf. Zu Beginn stehen jeweils die Mütter (von Braut und Bräutigam) und am Ende der Schlange die Väter, dazwischen die Gesellschaften. Beide Gruppen müssen gleich viele Personen haben. Nun legen beide Mütter eine Orange zwischen das Kinn und das Brustbein. Nach dem Startzeichen der Band muß die Orange ohne Benützung der Hände in der Reihe weitergegeben werden. Falls die Orange hinunterfällt, muß die Braut oder der Bräutigam sie schnell aufheben und das Spiel beginnt von vorne. Gewonnen hat die Gruppe, die am weitesten gekommen ist oder die am schnellsten fertig wurde. Als Preis muß die Verlierergruppe die Sieger zum Tanz auffordern oder ihnen ein Lied vorsingen oder sie in die Bar einladen ...

Gewinnspiel für das Paar

Es gibt verschiedene Preise zu gewinnen, z. B. ein Essen bei Familie N. am ..., oder 1000 Schilling oder ... Dem Paar werden verschiedene Fragen gestellt. Beide müssen gleichzeitig spontan die Frage beantworten, indem sie Rücken an Rücken stehen und einen ihrer Schuhe in die Höhe heben. Beide haben einen Herren- und einen Damenschuh in den Händen. Falls beide dieselbe Antwort geben = den gleichen Schuhtyp in die Höhe halten, erhält das Paar den Preis. Fragen z. B.: Am Sonntag früh ist plötzlich keine Milch im Haus, wer fährt zur Tankstelle? Sie oder er? Bevor die Frage gestellt wird, wird aber zuerst der Preis und der Spender bekanntgegeben.

• *Tanzspiele*

Schlangentanz

Beide Hände werden auf die Schultern des vorderen Partners gelegt, so wird mit allen Tänzern und Tänzerinnen eine Schlange gebildet, die kreuz und quer durch den Raum tanzt. Dabei können zwischendurch die Hände in die Höhe gegeben werden – zur Musik kann geklatscht werden.

Kreistanz

Alle stellen sich im Kreis auf der Tanzfläche in einer Schlange auf (Front in Tanzrichtung = alle haben einen Rücken vor sich). Nun reicht jeder seinem hinteren Nachbarn die rechte Hand durch seine eigenen Beine durch, mit der linken Hand greift jeder nach der durchgereichten Hand des vorderen Partners. In dieser Haltung wird nun im Kreis zur Musik getanzt.

Partnersuche / Damenwahl

Alle Herren geben ihren rechten Schuh zur Mitte. Anschließend wird im Kreis getanzt, sobald die Musik aufhört zu spielen, stürmen alle Damen in die Mitte, um einen Schuh zu ergreifen. Mit dem Partner, dem der Schuh gehört, wird nun weitergetanzt.

Heiratsannonce

Es werden lustige Heiratsannoncen aus Zeitungen herausgesucht, die der Anzahl der Tänzer entsprechen müssen. Jede Annonce trägt ein Kennwort, z. B. für 10 Paare braucht man 10 Karten mit einer Annonce und 10 Karten mit dem Kennwort allein. Alle Herren ziehen nun eine Annonce, ebenso jede Dame ein Kennwort. Ein Herr liest nun die lustige Annonce vor, und die Dame mit dem entsprechenden Kennwort tanzt anschließend mit ihm.

Kreisverkehr

Alle Damen bilden einen Innenkreis mit dem Gesicht (Front) nach außen. Die Herren bilden den Außenkreis und stellen sich einer Dame gegenüber auf. Die Herren reichen sich die Hände und tanzen im Uhrzeigersinn, ebenso geben sich die Damen die Hände und tanzen gegen den Uhrzeigersinn, in Tanzrichtung. Sobald die Musik stoppt, tanzt jeder Herr mit der Dame, die ihm gerade gegenübersteht.

Ewige Treue

Alle Männer tanzen in einer Schlange, ebenso alle Damen. Sobald die Band plötzlich ein neues Lied spielt, muß jedes Paar sich finden und in die Hocke gehen. (Oder der Herr kniet mit ei-

nem Bein nieder und die Dame setzt sich darauf.) Das Paar, das sich als letztes findet, scheidet aus.

Lachkanon

Alle Gäste, die mittanzen wollen, werden in ungefähr vier gleich große Gruppen eingeteilt. Jede Gruppe stellt sich in eine andere Ecke des Hochzeitssaales.

Gruppe 1 beginnt in der Hocke und klatscht mit beiden Händen auf die Oberschenkel und zählt dazu laut mit: 1, 2, 3, 4.

Gruppe 2 beginnt in der Hocke und klatscht 4mal in die Hände, zählt ebenfalls laut mit.

Gruppe 3 beginnt in der Hocke und klatscht abwechselnd 2mal mit den Händen auf die linke und rechte Schulter und zählt ebenfalls laut mit: 1, 2, 3, 4.

Gruppe 4 steht (aus der Hocke heraus) auf und spricht laut 4mal ha ha ha ha.

Alle beginnen gleichzeitig und übernehmen die Bewegung der Reihe nach, so daß ein Kanon entsteht. Als Auftakt kann laut bis 4 gezählt werden.

Mit dem Autobus auf Hochzeitsreise

Die Gäste bilden einen großen Kreis (kein Ei) um das Brautpaar. (Das Paar steht oder sitzt in der Mitte.) Alle legen beide Hände auf die Schultern des/r Vordermannes/frau und verringern den Abstand zum Vorderen bis auf Tuchfühlung. Das Brautpaar gibt das Startzeichen, und auf Kuß dürfen sich alle auf die Oberschenkel setzen. Wenn alle sitzen, können die Hände zur Seite gestreckt werden. Falls dies auch klappt, kann die Hochzeitsreise beginnen. Die Braut gibt das Kommando: rechts – links. Nun gehen alle gleichzeitig, rechtes Bein vor, linkes Bein vor, im Kreis usw. Das Spiel kann von der Band mit Musik begleitend verstärkt werden.

Familienspiel

Vom Spielleiter werden gleichklingende Namen vorbereitet, z. B. Meier, Geier, Seier, Leier, Beier ... oder die Familiennamen der Verwandtschaft. Für jede Familie werden vier Karten vorbereitet, z. B. Meier-Vater, Meier-Mutter, Meier-Sohn, Meier-Tochter ... Die Zahl der Mitspieler muß durch 4 teilbar sein. Für jede Familie wird ein Stuhl bereitgestellt. Nun erhält jeder eine Familienkarte und geht zur Musik durch den Raum, tauscht dabei ständig die Karten mit allen, ohne die Karte zu lesen. Sobald die Musik abbricht, müssen sich die Familien finden und aufeinandersetzen. Der Vater sitzt auf dem Stuhl, auf seinen Oberschenkeln die Mutter, dann der Sohn und die Tochter. Jene Familie, die als erste sitzt, hat gewonnen und erhält jeweils einen Preis.

Tanzgeschenkspiel

Dieselbe Methode wie beim Sessellauf, nur bewegt man sich nicht um einen Stuhlkreis, sondern die 13 Personen (oder mehr) tanzen einfach frei zu verschiedenen Musikstücken. Sobald die

Musik stoppt, muß jeder dieselbe Aufgabe sofort erfüllen, z. B. einen Hut auftreiben und der SpielleiterIn übergeben oder von der Braut geküßt werden. Wer als erster die Aufgabe erfüllt hat, darf den Monat ziehen, an dem er/sie für das Paar eine Aufgabe erfüllt. Eine der 13 Aufgaben ist der Joker, für den muß das Paar eine Aufgabe erfüllen.

Sessellauf Es werden 13 freiwillige TeilnehmerInnen gesucht. In der Mitte stehen 12 Stühle im Kreis, und zwar so, daß es möglich ist, sich von außen darauf zu setzen. Nun bewegen sich alle 13 zur Musik im Kreis außen um die Stühle herum. Sobald die Musik stoppt, versuchen alle einen Stuhl zu hamstern, wer keinen erwischt, muß in einem Monat des Jahres eine Aufgabe für das Paar erfüllen, z. B. staubsaugen oder das Paar zum Essen einladen usw., und scheidet somit aus. Nach jedem Stopp wird ein Stuhl entfernt. Das Spiel geht so lange, bis nur mehr eine/r übrigbleibt (Sieger). Der Gewinner erhält vom Paar ein Geschenk, z. B. eine Karte (Geschenk) von der Hochzeitsreise.

• Überraschungen außerhalb des Hochzeitssaales

Absperrungen mit kleinen Aufgaben und Theaterstücken

- Auf dem Weg von der Kirche zum Gasthaus sind mehrere Hinweisschilder und Verkehrszeichen angebracht, die auf das Fest, Paar usw. hinweisen.
- Auf diesem Weg wird das Paar von einer Gruppe (Freunde/Nachbarn) angehalten und muß eine lustige Aufgabe erfüllen (etwas durchschneiden, durchsägen, Baby wickeln, kochen, nähen, zusammennageln usw.).
- Auf das Ehebett mit Blüten ein buntes schönes Herz legen.
- Die Bäume im Garten der gemeinsamen Wohnung mit weißen Bändern schmücken.

- Mit Kerzen auf einem Spiegel zwei Ringe legen und brennend überreichen.
- „Just married“ auf das Auto, Garagentor ... schreiben.
- Das Brautpaar und die Verwandten erhalten am Morgen des Hochzeitstages ein lustiges SMS über das Handy oder ein Hochzeitsmail oder Fax.
- Auf dem Weg von der Kirche zum Gasthaus erfolgt ein Hupkonzert in der Autoschlange.
- Nach dem Essen einen gemeinsamen kurzen Spaziergang machen (bei schönem Wetter).
- Einen Künstler einladen, der eine kleine Show zum besten gibt.
- Ein Briefträger überreicht ein Telegramm (wo die gestohlene Braut sich befindet)
- Eine Hochzeitsfahne gestalten und vor der Kirche oder bei der Wohnung anbringen.

Material für „Einlagen"

Der Kuß

Der heilsame Kuß ist der Medikus,
der schallende – der Musikus;
der schlaue – der Pfiffikus,
der geschäftliche – der Praktikus;
der flüchtige – der Luftikus;
der klassische – der Ibikus;
der ulkige – der Jokus;
der blumige – der Krokus;
der biblische – der Markus;
der zauberische – der Hokuspokus;
der explosive – der Kanonikus;
der geheimnisvolle – der Mystikus;
der unheimliche – der Orkus;
der schwungvolle – der Diskus;
der historische – der Friderikus
der unersättlichste aller Küsse ist der Fiskus.

Das Ehe-Einmaleins

Ihr sollt immer 1 sein,
euch niemals ent-2-en,
stets einander 3 bleiben,
euch zu Hause gut auf-4-en
euch niemals die Note 5 geben
beim 6 die Liebe nicht vergessen,
euch gegenseitig in den 7. Himmel verhelfen,
aufeinander 8 geben
niemals zueinander 9 sagen in der Treue
nicht verbal auf die 10 steigen.

Küssen verboten!

Der ersten Liebe Hochgenuß ist ohne Zweifel wohl der Kuß.
Er macht verliebt und ist beliebt, ob man ihn gibt, ob man ihn

kriegt, er kostet nichts, ist unverbindlich, denn er vollzieht sich ja nur mündlich. Hat man die Absicht, daß man küßt, dann muß man erst mit Macht und List den Abstand zu verringern trachten. Mit Blicken tödlich schmachtend die Liebe zu erringen trachten. Die Blicke werden tiefer, es nähert sich das Unterkiefer, dann pflegt man mit geschlossenen Augen einander festzusaugen. Doch nicht allein braucht der Mund des Küssens Ziel zu sein. Man küßt die Augen und die Hände und auch andere Gegenstände, die ringsherum mit Vorbedacht, am Körper räumlich angebracht. Auch wie man küßt, ist ganz verschieden, im Norden anders wie im Süden, mal mit Bedacht, mal mit Gefühl, der eine heiß, der andere kühl, der eine haucht, der andre schmatzt, als ob ein Autoreifen platzt. Zum Unterschied der Keusche vermeidet jegliche Geräusche. Doch sehr verschieden ist des Kusses Dauer, der eine küßt kurz, der andere länger, den längsten nennt man Dauerbrenner. Hast du das schon gewußt? Wenn nicht, weißt du es jetzt.
Liebe/r Braut/Bräutigam N., sei vernünftig, küß nur eine/einen und nicht fünfzig!!!

Sprüche / Weisheiten

- Küssen ist die Sprache der Liebe, komm und sprich dich aus!
- Früher hat es geheißen – Glaube, Hoffnung und Liebe. Heute kommt zuerst die Liebe, dann sind sie in der Hoffnung, und dann glauben sie's erst.
- Ein Flirt ist, wenn man mit einem blauen Auge davonkommt, nachdem man mit zwei blauen Augen zusammengewesen ist.
- Ich liebe mich – und dazu brauche ich dich?
- Blumenehe: Sie verblüht und er verduftet.
- Sportlerhochzeit: Wer heiratet gegen wen?
- Ein Kuß: Das Zusammenklappen zweier Menschenpappen, die nach Liebe schnappen
- Bursche sei helle, bleib Junggeselle!

- Wenn du keine Liebe findest, dann mußt du Liebe säen und du wirst Liebe ernten.
- Früher habe ich dich im Herzen getragen, aber nun bist du mir verrutscht und liegst mir im Magen.
- Eine Hochzeitspredigt sollte kurz sein wie ein Minirock, um attraktiv zu sein, und lang wie ein Abendkleid, um viel unterzubringen.
- Blechhochzeit – Wenn das Paar die ersten drei Ehejahre aus der Konservendose lebt.
- Früher war das Patriarchat, dann kam das Matriarchat und heute gibt es das Sekretariat.
- In der ersten Hälfte der Ehe läuft die Gesundheit dem Geld hinterher und in der zweiten Hälfte der Ehe läuft das Geld der Gesundheit hinterher.
- Was ist eine platonische Liebe? – Wenn beim „Fensterln" die Leiter zu kurz ist.

Gedicht für Kinder

Alle Tiere nicken es,
alle Uhren ticken es,
alle Vögel singen laut,
du bist eine liebe Braut.

Und die Riesen und die Zwerge,
in dem Wald und auf dem Berge,
und die Kinder allzusamm'
loben deinen Bräutigam.

Und die Menschen groß und klein,
stimmen alle fröhlich ein.
Und sie sagen, es ist wahr,
ihr seid ein recht glücklich Paar.

Witze

Eine Frau, die schon lange mit ihrem Mann zusammenlebt, sagte zu ihrem Lebensgefährten: „Du, wann heiraten wir denn eigentlich?“ Da sagte der Mann: „Ja glaubst du denn, daß uns noch jemand mag?“

Bei einem 50jährigen Hochzeitsjubiläum fragte der Pfarrer das Jubelpaar, wie sie es denn geschafft haben, die vielen Jahre hindurch – das ist ja heute eine Seltenheit. Da sagte der Mann: „Bei uns war das so: Wir haben gleich vor der Hochzeit beschlossen: Ich regle die wichtigen Sachen und meine Frau alle unwichtigen Sachen. Und in den ganzen 50 Jahren hat es fast nur unwichtige Sachen gegeben.“

Ein Paar feiert das 50jährige Hochzeitsjubiläum. Die Frau sagt: „Ich möchte unbedingt noch mal dort hinfahren, wo wir uns kennengelernt haben und ich von dir den ersten Kuß bekommen habe.“ So fahren beide an diesen romantischen Ort in ein Tal. Die Frau sagt: „Ich weiß es noch ganz genau, auf diesem Zaun bin ich gesessen.“ Der Mann hebt mit ganzer Kraft die Frau auf den Zaun hinauf. Da sagt der Mann zu ihr: „Aber vor 50 Jahren hast du noch nicht so gezittert wie heute“. Da sagt die Frau: „Damals war der Zaun auch noch nicht elektrisch“.

Ein Paar feiert das 40jährige Hochzeitsjubiläum. Da sagt die Frau zum Mann: „Zum 25. Hochzeitsjubiläum sind wir nach dem Essen ins Casino gegangen. Was machen wir denn diesmal?“ Da sagt der Mann: „Vielleicht nach Australien fliegen?“ „Was? So weit? Aber was machen wir denn dann zum 50. Jubiläum?“ fragt die Frau. „Ja, dann hole ich dich dort wieder ab“, meinte der Mann.

Geschenk-Ideen

Für alle, die nicht alles doppelt oder mehrfach geschenkt bekommen wollen, ist es sehr ratsam, sich eine Geschenkliste zuzulegen. In manchen Geschäften kann man einen Hochzeits-Geschenktisch zusammenstellen mit verschieden teuren Gegenständen. Die geladenen Gäste können in das Kaufhaus gehen und sich selber aussuchen, was sie von dem Gabentisch schenken wollen, dies kaufen und zum Fest mitnehmen.

Gemeinschaftsgeschenke

Die Organisation eines Gemeinschaftsgeschenkes muß jemand in die Hand nehmen, der die Gäste gut kennt oder eine Gruppe (Verein) hinter sich hat.

Ehe-Abc

26 Personen erhalten einen Buchstaben des Alphabets. Zu diesem Buchstaben sollen sie ein Symbol finden, in dem dieser Buchstabe enthalten ist. Diese Symbole werden am Hochzeitstag nacheinander mit einer kurzen individuellen Erklärung überreicht, warum dieses Symbol gewählt wurde und welche Bedeutung es für das Paar haben soll.

Hochzeitsreise

Viele Paare fahren auf Hochzeitsreise. So besteht die Möglichkeit, einige Flugkilometer (oder Zugkilometer) zu übernehmen. (Läßt sich genau ausrechnen, was der Kilometer kostet.) Falls man die Fluglinie kennt, kann man auch genau angeben, welche Kilometer man übernimmt, z. B. von Innsbruck nach ...

Geschenklos

Für jede Woche des Jahres ab der Hochzeit wird ein Los vorbereitet (52 Mal), worauf ein kleines Lebensmittel geschrieben steht, das in dieser Woche (genau mit Datum, z. B. 18. – 25. 9.) dem Paar per Post als Erinnerung an die Hochzeit zugesendet werden soll. Wer ein Los nimmt, erhält eine Blume.

Tischdecke

Eine einfärbige Tischdecke wird in gleich große Teile zerschnitten und jeder Teil mit folgendem Brief an alle Verwandten und Freunde des Paares, die zur Hochzeit geladen sind, versendet. Wenn Überraschungsgeschenk, Liste der Gäste geheim erfragen.

Brief an sämtliche Verwandte und Freunde:
Liebe Verwandte/Freunde des Brautpaares!!
Sie werden sich über diesen Brief sicher wundern. Er hat jedoch einen besonderen Zweck. Wir, das sind die Freunde des Paares N., möchten unserem Paar ein originelles Hochzeitsgeschenk bereiten. Darum befindet sich in diesem Brief ein Stückchen Stoff. Wir würden Sie bitten, diesen Stoffteil nach Ihrem Wunsch zu gestalten. Sie können etwas darauf malen, nähen oder sticken, oder Gratulationswünsche darauf schreiben, oder wenn Sie eine andere Idee haben, diese verwirklichen.
Verwenden Sie dazu, bitte, wasserfeste Stifte. Bitte, erfüllen Sie unseren Wunsch auch dann, wenn Sie nicht zur Hochzeit kommen können, denn alle Stoffteile werden zu einer Tischdecke zusammengenäht. Darum ist es wichtig, daß auch Ihr Stoffstückchen dabei ist und wieder zu uns zurückkommt. Bitte, schreiben oder sticken Sie auf Ihren Stoffteil Ihren Namen oder Ihre Unterschrift.
Tip
Falls Sie den Stoffteil nicht selber bearbeiten möchten, können Sie auch jemanden damit beauftragen. Sollten Sie noch irgendwelche Fragen haben, so rufen Sie uns bitte unter der Nummer ... an.

Gemeinsam sind wir unausstehlich
Euer Onkel Michi
Heinz
Annelies
Frieda Otto
Tante Edith & Onkel Wastl

Wenn Ihr Teil der Tischdecke fertig ist, dann senden Sie ihn bitte bis zum ... (Termin) an folgende Adresse: ...
Es wäre fein, wenn Sie diesen Termin einhalten könnten, damit wir genügend Zeit haben, die Tischdecke zu nähen.
Wir freuen uns sehr, daß Sie bei unserer Gemeinschaftsaktion für das Paar mitmachen, und danken Ihnen im voraus herzlich.
BITTE STILLSCHWEIGEN GEGENÜBER DEM BRAUTPAAR!!

Lustiges Geschenk öffnen

Ein kleines schönes Geschenk für das Paar ist mit mehreren Kartons, aber mit zehn verschiedenen Bogen Geschenkpapier eingepackt. Auf jedem Bogen steht eine Aufgabe, die von den Hochzeitsgästen sofort zu erfüllen ist. Das Paar öffnet das Geschenk und liest der Reihe nach die Aufgaben vor. Erst nachdem die Aufgabe erfüllt ist, darf weiter ausgepackt werden. Einige Aufgaben können von Personen oder Familien zu erfüllen sein, von denen man weiß, daß sie sicher am Fest sind: z. B. Familie Hauser singt eine Strophe eines Liedes für das Paar zusammen mit der Band. Einige Aufgaben können von mehreren gleichzeitig ausgeführt werden, z. B. 5 Personen müssen zusammen das Lieblingstier der Braut darstellen. Eine Aufgabe muß das Paar selbst erfüllen: z. B. einen Blumenstrauß weiterschenken oder zu einer klassischen romantischen Musik einen Liebestanz vorführen, wobei beiden die Augen verbunden werden ...

Kochschürze

Kochschürze, auf der ein Foto von jedem/r ArbeitskollegenIn (oder Vereinsmitglied) appliziert ist.

Weitere Geschenk-Ideen

Geschenkkorb mit religiösen Symbolen

Für jedes Symbol ist eine kurze Erklärung dabei.

Geschenkgutscheine

Ich bin bereit, für euch dreimal Babysitter zu machen. Ich möchte einmal für euch kochen in eurem Haus. Ich möchte einmal euer Auto putzen, einmal den Großeinkauf für euch erledigen, einmal den Rasen mähen, einmal die Gartenhecke schneiden ...

Geschenkkorb

Falls das Paar gerne Nudeln ißt, einen Korb mit vielen verschiedenen Nudeln, oder wenn sie sich Kinder wünschen, mit vielen Kinderspielsachen oder ... zusammenstellen.

Geschenkmobile

Verschiedene kleine Geschenke/brauchbare Materialien werden auf ein Mobile gehängt und dem Paar so übergeben.

Selbstgemachte Geschenke

Das Paar bittet die Gäste schon bei der Einladung, nur selbstgemachte/selbstgefangene/selbstgezüchtete/selbstgekochte/selbsterfundene ... Geschenke mitzubringen und keine gekauften. Z. B. selbstgebastelte Kerzen: In Bastelgeschäften sind das Wachspulver in verschiedenen Farben, der Docht und durchsichtige Gläser erhältlich. In das Pulver können kleine Symbole, die mit dem Paar in Verbindung gebracht werden, gegeben werden.

Blumengeschenk

Einen Gegenstand, der mit dem Paar etwas zu tun hat, mit vielen Blumen schmücken und überreichen – z. B. Gitarre, Besen, Schaufel ...

Geldgeschenke

Falls das Paar sich Geldgeschenke wünscht, ist es sinnvoll, dies mit ein paar netten Worten schon bei der Einladung bekanntzugeben:

Und fragt ihr uns, wie man uns beschert,
uns wär's am liebsten im Kuvert.
So mancher Gast wird sich wohl denken,
was sollen wir dem Brautpaar schenken?
Recht dankbar wären wir fürwahr
für eine Kleinigkeit in bar.
Dann könnten wir bei gutem Willen
den Rest der Wünsche uns erfüllen.
Gedankt sei euch im voraus schon,
Glück und Gesundheit sei der Lohn.

Für die vielen Kuverts könnte eine große schöne Box aufgestellt werden mit einer kleinen Öffnung für den Einwurf.

Ehe-Regen-Schirm

(Einen Partnerschaftsschirm mit zwei Farben besorgen.) Dieses Geschenk eignet sich besonders gut, wenn es am Hochzeitstag regnet. Die Bedienungsanleitung muß je nach Beziehung zum Paar verändert werden: Ein alltägliches Symbol möchte ich euch mitgeben, das jeder kennt, es ist ein Regenschirm. Ihr wißt, daß das Wetter keine unbedeutende Rolle spielt für euer Leben.

So möchte ich nun die Bedienungsanleitung erklären. Wer von euch hat noch nie einen Schirm geöffnet oder mit einem Schirm zu tun gehabt? Der oder die soll bitte nun die Hand heben.

In der Ehe kann oft das scheinbar Einfachste zu einem Problem werden. Dieser Schirm hat keine Automatik, ist also ein ganz normaler Schirm, denn in der Ehe läuft auch nichts automatisch. Die Einstellung von manchen lautet: So, jetzt habe ich geheiratet, und jetzt läuft alles von selbst. Damit eine Ehe lebendig bleibt, muß ich immer wieder investieren. Ich muß mich nach 30 Jahren Ehe mit derselben Intensität fragen, wie könnte ich meinem Partner eine Freude machen, z. B. zum Geburtstag, wie vor der Ehe. So ist es möglich, immer verliebt zu sein. Wer aufhört zu investieren, leitet den Ehetod auf Raten ein.

Wenn man hier drückt, kann man den Schirm öffnen. Genau um das geht es in der Ehe, dort, wo es drückt, dort, wo der Schuh drückt, das soll ich dem Partner eröffnen. Das ist nicht immer leicht. Jesus hat uns das vorgelebt, er hat sich uns offenbart, er hat sein Innerstes, wovon er lebte, mitgeteilt. In der Ehe bin ich gerufen, mich dem Partner zu offenbaren. Ich darf nicht davon ausgehen, daß der Partner meine Wünsche von den Augen ablesen kann, sondern ich muß mich meinem Partner eröffnen. Wenn der Schirm ganz geöffnet ist, ist auch die höchste Spannung. So ist es auch in der Ehe, wenn ich mich dem Partner ganz öffne, dann wird es richtig spannend, dann habe ich aber auch den größten Schutz wie beim Schirm.

Dieser Schirm hat zwei Farben, Rot und Schwarz. Das ist ein Zeichen für die Gegensätze in der Ehe, diese gilt es mit Geduld zu integrieren. Die Erfahrung der Andersartigkeit des Partners stellt nicht nur eine Bereicherung, sondern auch eine Herausforderung dar.

Das tragbare Gerüst trägt den Schirm, es ist ein Hinweis für den Herrn. Vergeßt nicht, daß eure Ehe von ihm getragen und in Spannung gehalten wird. Streitet euch nicht, wer links oder rechts unter diesem Eheschirm geht, denn es gibt Wichtigeres in der Ehe.

Damit ihr euch nicht streiten müßt, habe ich die Plätze bereits reserviert mit zwei Schlüsselanhängern, auf denen eure Namen stehen. Wie ihr seht, ist auch ein Garantieschein dabei. Es gibt in der Ehe eigentlich keine Garantie, aber die Garantie, die ich euch geben kann, ist, daß ich für euch bete.

Ich wünsche euch noch viele Sonnentage in eurer Ehe (daß es nicht soviel regnet wie am heutigen Tag).

Einladungen

An der persönlichen, kreativen Einladung liegt sehr viel, weil man dadurch die Weichen dafür stellt, wie die Hochzeitsgäste auf das Fest eingestimmt werden. Die Gäste persönlich einzuladen, wird in der Regel als sehr positiv erlebt und ist eine gute Chance, die Beziehung mit den Verwandten und Freunden zu festigen.

Was soll auf einer Einladung stehen?

- Angaben des Datums
- Uhrzeit der Trauung
- Kirche
- Ort
- Gasthaus/Hotel für das Hochzeitsmahl und die Abendveranstaltung (mit Adresse)
- Adresse des Paares
- Trauspruch oder ein Vers aus der gewählten Bibelstelle
- Bei der Einladung ist eine eigene Karte dabei zur Anmeldung für das Hochzeitsmahl, die rechtzeitig an das Paar gesendet wird (besonders bei großen Hochzeitsgesellschaften zu empfehlen).

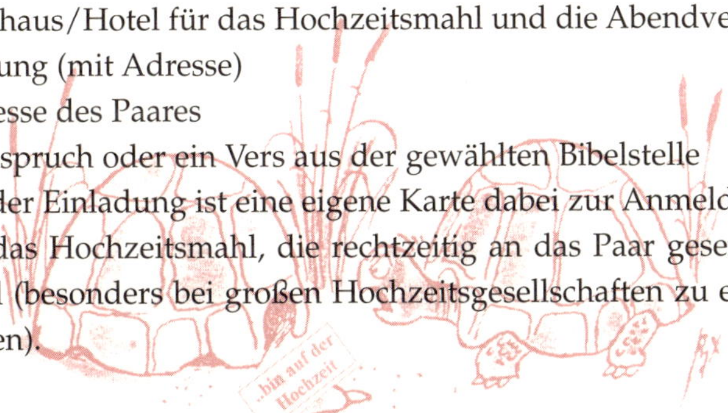

Ideen für kreative Einladungen:

Flaschenpost

Auf leere Flaschen wird ein eigens kreiertes Etikett geklebt mit der Adresse des Gastes. Die Einladung wird zusammengerollt und mit einem Band versehen. (Der Radius der Rolle sollte kleiner sein als die Flaschenöffnung!) Oder die Flasche muß zerbrochen werden, um zur Einladung zu kommen. Scherben bringen Glück! Die freudige Flaschen-Post nun eigenhändig zustellen.

Gutschein

Die Einladung ist gleichzeitig ein Gutschein mit einer Losnummer oder Los mit einem Kennwort (z. B. Vertrauen) liegt bei.

Beim gemeinsamen Fest wird das Los gezogen, und jemand von den Gästen gewinnt einen Preis.

Puzzle Die Einladung besteht aus einer großen Zeichnung, die in viele Puzzleteile zerschnitten wird. Zum Fest sollen alle die Einladung mitnehmen und gemeinsam das Puzzle zusammenbauen. Auf der Rückseite des Puzzles steht ein Text, der am Abend des Festes verlesen wird.

Fotos

- Bei der Einladung sind Kinder-Fotos (von Braut und Bräutigam) drauf mit dem Text: „Wer hätte damals schon gedacht ..."
- Auf der Einladung ist ein originelles Foto von beiden darauf.
- In den Sand die Vornamen schreiben, ein Symbol dazu zeichnen (Herz) und fotografieren, das Foto auf jede Einladung kleben.
- Ein Paar pflügte auf einer Wiese die beiden Vornamen mit den beiden Ringen, dies wurde von einem Baum aus fotografiert und auf jede Einladung kam so ein Foto.

Zusatzinformation Als Zusatzinformation steht auf der Einladung, was noch mitzunehmen ist zur Hochzeit: ein Sack Humor, das Tanzbein, eine Flasche Gemeinschaftsgeist und nicht vergessen: zwei Kilo gute Laune.

Fingerabdrücke Er und sie geben mit jeweils einer anderen Farbe Fingerabdrücke auf eine Karte, diese werden durch einige schwarze Zeichnungsstriche zu Tiersymbolen verwandelt (Schafe, Vögel ...) und dann vervielfältigt.

Kippbild Ein Herz und noch ein Herz fanden sich zum gemeinsamen Flug durch das Leben. Aus zwei Herzen als Flügel einen Schmetterling gestalten.

Weitere Ideen für Einladungen

- Die Einladung mit der Hand schön schreiben, dazu auch Goldfarben verwenden.
- Auf der Einladung, dem Textheft zur Trauung und auf der Speisekarte ist ein Tiersymbol mit entsprechendem Kommentar (Sprechblase). Mit Nußhälften Schildkröten oder Marienkäfer basteln und auf die Einladung kleben.
- Die beiden Lieblingstiere sind unterwegs zur Hochzeit mit Sprechblase.
- Zwei Herzen mit Händen und Füßen reichen sich die Hände.
- Mit den Stammbäumen eine Einladung anfertigen.
- Die Einladung ist nicht in einem Kuvert, sondern mit Geschenkpapier kreativ eingepackt, darüber ein Geschenkband.
- Die Einladung ist nicht in einem Kuvert, sondern eingerollt und zusammengebunden in einer Rolle aus Karton.
- Die Einladung ist in einem kleinen Paket, worin sich auch Blumensamen befinden. Die Gäste werden gebeten, den Samen in ihrem Garten auszusäen. Die Liebe möge bei der Hochzeit überall blühen.
- Die Kuverts können selbst angefertigt werden aus bunten Zeichnungen, vielleicht nicht im üblichen Format, z. B. Vieleck.
- Alle Kinder der Verwandtschaft, die zum Fest kommen, sind eingeladen, eine Zeichnung für das Paar mitzubringen – mit dem Motto: Was wir dem Paar wünschen. Die Zeichnungen werden dann gemeinsam von allen Kindern dem Paar überreicht. Die Zeichnungen könnten sichtbar im Hochzeitssaal aufgehängt bzw. zu einer Wunschmappe zusammengestellt werden.
- Alle sind eingeladen, zur Trauung eine Blume mitzunehmen, diese Blumen werden von einer Floristin zu einem Brautstrauß gebunden.
- Geschenkwunsch in Gedichtform dazugeben (z. B. für eine neue Küche).

Hochzeitszeitung

Nun noch einige Ideen zur Gestaltung einer Hochzeitszeitung. Sehr lebendig sind (Kinder.)Fotos, persönliche Geschichten und Erfahrungen mit dem Paar, Grüße und Gratulationen aus aller Welt, ein lustiger Lebenslauf, Karikaturen usw.

Ehetreppe

Zuerst kommen die . . .

Flitterwochen
dann die Gewitterwochen
Schlitterwochen
Zitterwochen
Knitterwochen
Bitterwochen
Splitterwochen
(Raub-)Ritterwochen
und zuletzt die Gitterwochen!

Rezeptvorschlag für eine junge Ehe

Man nehme ...

- 12 Monate, putze sie ganz sauber von Bitterkeit, Geiz, Pedanterie und Angst und zerlege jeden Monat in 30 oder 31 Teile, so daß der Vorrat für 1 Jahr reicht.
- Es wir jeder Tag einzeln angerichtet aus einem Teil Arbeit und zwei Teilen Frohsinn und Humor.
- Man füge 3 gehäufte Eßlöffel Optimismus, 1 Teelöffel Tole-

ranz, ein Körnchen Ironie und 1 Prise Takt hinzu.

- Dann wird die Masse reichlich mit Liebe übergossen.
- Das fertige Gericht schmücke man mit einem Sträußchen kleiner Aufmerksamkeiten und serviere es täglich mit Heiterkeit.

Was ist eine Familie?

- Als sich Adam im Paradies nicht richtig unterhalten konnte, hat Gott ihm die Eva gegeben. Aber da waren sie noch keine Familie. Erst als sie gesündigt hatten, wurden sie eine Familie. *(Marion, 10 Jahre)*
- Zu einer Familie gehören wenigstens drei Menschen, davon muß wenigstens einer weiblich sein. *(Klaus, 9 Jahre)*
- In der Familie ist meistens einer schwanger, darum entstehen so viele Familien. *(Ulrike, 8 Jahre)*
- Bei einer Familie schlafen zwei Menschen zusammen und machen im Laufe der Zeit die Familie immer größer. *(Ralf, 7 Jahre)*
- Familie ist, wo die Leute die gleichen Namen haben und wenn einer für alle kocht und die Betten macht und wäscht. *(Dieter, 7 Jahre)*
- Wenn wir am Eßtisch sitzen und wir uns gegenseitig was erzählen, dann fühle ich, daß wir eine Familie sind. Auch wenn mal einer krank ist, spürt man, daß man in der Familie gut versorgt wird. *(Beate, 10 Jahre)*
- Mein Vater sagt immer: „Wir sind eine richtige Familie." Damit will er sagen, daß wir alle gut zusammenpassen. Das ist ganz zufällig gekommen, daß ich nach meiner Geburt so gut zu meinen Eltern paßte. *(Christian, 8 Jahre)*
- Familie ist nur dann, wenn keiner betrunken ist. *(Barbara, 9 Jahre)*

- Wenn sich alle sehr lieb haben, dann ist das eine richtige Familie. *(Tina, 6 Jahre)*
- Ich merke sofort, ob einer zu unserer Familie gehört oder nicht. *(Elvira, 6 Jahre)*
- Trotzdem mein Vater tödlich verunglückt ist, haben wir eine Familie. Meine Mutter macht das ganz prima. *(Wolfgang, 9 Jahre)*
- Die Familie ist, wenn Vati Geld verdient und Mutti alles ausgibt. *(Susanne, 7 Jahre)*
- Eine Familie ist, wenn man von seinen Eltern ins Bett gebracht wird, wenn die dann noch eine Geschichte erzählen und einen Gutenachtkuß geben. *(Carla, 7 Jahre)*

Die 7 goldenen Eheregeln

1. Der Ehemann hat das Recht, sich morgens von seiner Ehefrau durch einen oder mehrere Küss/e wecken zu lassen. Andererseits steht es der Ehefrau frei, sich nach einer gewissen Zeit einen Wecker anzuschaffen.
2. Der Ehemann hat überall und bei jeder Gelegenheit allen Leuten zu bekunden, wie überaus glücklich er verheiratet sei, bis auf die paar Stunden, die er zu Hause ist. Während dieser Zeit hat der Ehemann zu denken und die Frau zu lenken.
3. Streitigkeiten zwischen Ehemann und Ehefrau sind gestattet, nur darf die Ehefrau nie etwas davon merken. Das letzte Wort steht dem Ehemann zu; es lautet immer: „Ich bitte vielmals um Entschuldigung, Schatzilein."
4. In den ersten Wochen hat die Ehefrau noch nicht zu kochen, und das Ehepaar hat ausschließlich von Küssen zu leben. Hierauf hat die Ehefrau den ersten Kuchen zu backen, wobei sich der Ehemann verpflichtet, solchen sehr zu loben. Her-

nach kann er ihn als Briefbeschwerer auf dem Schreibtisch verwenden.

5. Das Bekleidungswesen untersteht der Ehefrau, der Ehemann hat nur zu bezahlen.
   Damit die Ehefrau nicht allzu viele Schuhe braucht, verpflichtet sich der Ehemann, seine Frau öfters auf Händen zu tragen.
6. Für alle Unfälle, die in der Küche passieren, haftet der Mann nicht – aber er hat sie zu essen.
7. Bei Meinungsverschiedenheiten wird abgestimmt. Ehemann und Ehefrau haben je eine Stimme. Bei Stimmengleichheit entscheidet die Stimme von N.

Gesetzes-Verkündigung

Nachdem beide Herzkammern ihre Zustimmung gegeben haben, tritt vom heutigen Tag an folgendes Gesetz in Kraft:

§ 1

Die Ehe besteht aus zwei ungleichen Hälften, die Frau und die bessere.

§ 2

Die Frau kommt unter die Haube, der Mann unter die Pantoffel.

§ 3

Kammerdebatten dürfen nur nach 22.00 Uhr abends unter Ausschluß der Öffentlichkeit stattfinden.

§ 4

Die Polizeistunde wird von der Frau bestimmt und vom Mann unbedingt eingehalten.

§ 5

Verboten ist, Wein zu verschütten, Küsse zu stehlen und mit verliebten Blicken zu werfen.

§ 6

Verfassungsverletzungen müssen, egal von wem sie ausgehen, von seiten des Mannes durch ein Geschenk gutgemacht werden.

§ 7

Das gemeinschaftliche Siegel ist der Kuß.

Der Heiratsantrag

Es steht geschrieben, daß man bei Heiratsanträgen grundsätzlich die Fachsprache des eigenen Berufes anwenden müsse – und das sei die absolute Garantie für den Endsieg in der Ehe:

Der Autoschlosser

„Bitte werde mein Sozius, N.! Unser Sauerstoff-Luft-Gemisch ist gut, das Ausgleichsgetriebe läuft wie geschmiert. Keilriemen und Bremsbacken sind in Takt, also laß uns gemeinsam aufblenden und die Hochzeit beschleunigen. Zum Drosseln und Abwürgen ist es zu spät, jetzt muß endlich auf klare Zündfolge und sauberes Kuppeln geschaltet werden. Schluß mit dem Leerlauf!"

Der Elektriker

„Mein glühend geliebtes Irönchen! Schon lange spürte ich, daß wir auf der gleichen Frequenz liegen, doch leider hatte ich eine sehr lange Leitung, bis es bei mir gefunkt hat. Du mein Licht, meine Erleuchtung, du meine Spannungsquelle. Wenn ich an dich denke, fliegen die Sicherungen heraus, denn mein Megaherz fängt an zu glühen. Mein Scheinwiderstand nützt nichts, du holst mich aus meiner Isolierung: Deine Anziehungskraft ist unwiderstehlich! Volt du meine Frau werden oder hast du watt dagegen? Ich glaube, daß ich dir ein guter Ehepol sein werde, denn meine Durchschlagsfestigkeit ist in meiner Spannungsbeanspruchung erprobt worden. Ich träume schon jetzt von unserem Stromhäusl mit seiner warmen Atmosphäre und seinem reibungslosen Gleichstrom. Nach dieser Formel wird die Verbindung funktionieren:

x + y = Liebe

Dein dir ewig verlöteter N."

Die 10 Gebote für die Schwiegermutter

1. Du sollst nicht ungebeten Ratschläge geben!
2. Du sollst dich nicht einmischen!
3. Du sollst deine Enkel nicht verziehen!
4. Du sollst nicht sagen: „Wir haben früher ...!"
5. Du sollst stets hilfsbereit sein!
6. Du sollst nichts übelnehmen!
7. Du sollst viel und gern schenken!
8. Du sollst nicht aufdringlich sein!
9. Du sollst immer guter Laune sein!
10. Du sollst dich jederzeit in Luft auflösen können!

Hochzeitstorte

Eine originelle Hochzeitstorte anfertigen lassen.

- Die Torte hat die Form eines Gegenstandes, den Braut und Bräutigam beruflich, sportlich, in der Freizeit verwenden, oder eines religiösen Symboles (Musikinstrument).
- Verschiedene gute Tortenstücke werden zu einer Torte zusammengebaut und mit einer Spezialglasur einheitlich verziert.

- Die Torte hat die Form einer Blume (Sonnenblume) und wird auf einem 3 Meter langen Brett serviert.
- In die Torte sind zwei Blumenstöcke integriert.
- Die Torte ist mit Kerzen geschmückt, die beide ausblasen müssen. Die Anzahl der Kerzen wird von der Verlobungszeit oder von den Jahren/Monaten seit Beginn der Beziehung bestimmt.

Nach der Hochzeit

- Da die Zeremonienmeister/Hochzeitsmanager auf Grund ihrer Verantwortung das Fest nicht so genießen können wie die Gäste, ist es vielleicht angebracht, sie zu einem Essen einzuladen mit der Möglichkeit, Fotos/Film zu schauen.
- Dankesschreiben an alle, die sich an der Hochzeit kreativ beteiligt haben bzw. an alle die Geschenke überreichten, mit einem Foto von der Trauung.
- Beim Geschenkeöffnen eine Liste anlegen, welches Geschenk von wem ist, um persönlicher und konkreter danken zu können.
- Restliche Schulden begleichen (Hochzeitsmahl usw.).
- Eine Karte von den Flitterwochen schreiben.
- Falls zu viele Blumen geschenkt wurden, welche an gute Freundinnen weiterschenken.
- Ein Hochzeitsfoto in der Wohnung aufhängen.
- Ein Fotoalbum mit netten Sprüchen und Begebenheiten von der Hochzeit anfertigen.
- Jährlich um den Hochzeitstag einen Besuch in der Hochzeitskirche machen und das Treueversprechen erneuern. (Den Ring erneut anstecken mit persönlichen Worten) und den Hochzeitstag feiern.
- Den Hochzeitstag im Handy einspeichern.
- Alle paar Jahre eine Fortbildungsveranstaltung über Ehe, Familie, Liebe, Partnerschaft, Kindererziehung besuchen. Ohne Fortbildung keine Zukunft!
- Mit anderen Paaren (die ähnlich lange verheiratet sind) eine Familienrunde aufbauen.
- Eine therapeutische Familienaufstellung vornehmen (bei einem therapeutischen Seminar).
- Eheprobleme und Probleme mit den Kindern nicht vermischen.

Ehe konkret – spirituelle Impulse

Der Hochzeitstag – eine religiös-kirchliche Eintagsfliege?

Wie geht es nach der Trauung weiter – hoffentlich nicht so:

- Ich sage nie mehr ja zu dir im Alltag.
- Der nächste Kirchenbesuch ist meine eigene Beerdigung.
- In unserer Wohnung ist weder ein Kreuz noch ein anderes christliches Symbol zu finden.
- Das Gebet meiden wir wie der Teufel das Weihwasser.
- Als Tischgebet werden Gedanken des Frosches vorgetragen.
- Alle Erinnerungen an die Hochzeit (Geschenke usw.) werden so bald wie möglich erneuert, umgetauscht oder beseitigt.
- Ein Gespräch über den Glauben sollte wenn möglich gar nicht vorkommen.
- Die Hochzeitskerze wird nie mehr abgestaubt oder angezündet.
- Gefeiert wird nur, wenn es sein muß, und wenn, dann mit viel Alkohol.
- Kirchliche Feste wie Weihnachten werden, so weit es die finanzielle Lage zuläßt, im Ausland am Strand gefeiert.
- Für religiöse Fragen der Kinder ist ausschließlich die Religionslehrerin oder ein tibetischer Guru zuständig.
- Wir können alles brauchen, nur nicht religiöses Brauchtum.
- Das Zentrum der Familie ist die Anbetung vor dem Fernseher.
- Die einzige Spende, die ich gebe, ist für die Sternsinger, weil die Kinder so schön singen.
- Unser oberstes Ziel ist ein tolles Haus, ein teures Auto und ein schöner Urlaub.

- Ich bin unglaublich großzügig wie am Hochzeitstag, aber nur bei meinen eigenen Kindern.
- Mein Gott ist der Bauch.
- Die neue Wohnung (Haus) wird mit Alkohol bei einem Grillabend eingesegnet.
- Religiöse Zeitschriften und Bücher kommen mir nicht ins Haus.
- Für ein Engagement in der Pfarrgemeinde habe ich keine Zeit.

Wichtige Impulse, die Kommunikation in der Ehe zu vermeiden

- Aggressiv werden, schreien und harte Schimpfwörter verletzend einsetzen.
- Fluchtartig den Raum verlassen.
- Hinten herumreden oder Anvertrautes ausplaudern.
- Auf keinen Fall seine Meinung ändern, auf dem eigenen Standpunkt beharren.
- Mit Vorurteilen agieren.
- Den anderen nicht ausreden und überhaupt wenig zu Wort kommen lassen!
- Möglichst ironisch werden und den anderen nicht ernst nehmen.
- Mit Gewalt oder Verlassen drohen.
- Alte Geschichten immer wieder aufwärmen und nicht abschließen wollen.
- Nur was perfekt ist, zählt.
- Fehler auf keinen Fall eingestehen.
- Nur sachlich (im Kopf) bleiben und keine Gefühle zulassen.
- Alle Konflikte auf einmal und gleichzeitig zu lösen versuchen.
- Eine Meinung, die man nicht teilen kann, destruktiv kritisieren.
- Möglichst viele Wertungen vornehmen und Urteile fällen.

- Alles persönlich nehmen und auf sich beziehen.
- Immer nur das Negative und die Mißerfolge in den Vordergrund stellen.
- Vermutungen zu Meinungen umbilden.
- Niemandem vertrauen und alles selber machen wollen.
- Aus einer Fliege einen Elefanten machen.
- Schweigen und nichts mehr von sich offenbaren.
- Möglichst alles kontrollieren und nachprüfen.
- Fehler des Partners sich nicht gefallen lassen, sondern rächen.
- Niemanden zu Rate ziehen, selber alles besser wissen.
- Immer der Bessere sein wollen, nicht verlieren können.
- Nur die eigenen Interessen verfolgen und keine Abmachungen einhalten.
- Auf den Schwächen des Partners herumreiten.
- Über Sexualität Konflikte lösen wollen.
- Sich mit Arbeit und Streß so eindecken, daß für Gemeinsames keine Zeit mehr bleibt.
- Konflikte vor dem Fernseher lösen wollen.
- Mit den Eltern mehr kommunizieren als mit dem Partner.
- Den anderen ständig provozieren.
- Den anderen mit den eigenen Worten schlagen.

Konstruktive Konfliktlösungsstrategien

So kann die Ehe besser gelingen

- Verschiedene Meinungen stehen lassen können, man muß nicht in allen Punkten gleicher Meinung sein.
- Beim Thema bleiben und nicht vom Hundertsten ins Tausendste kommen!
- Den anderen ausreden lassen und zuhören können.
- Noch einmal wiederholen, was der andere gesagt hat: Wenn ich dich richtig verstanden habe, dann meintest du ...

- Nachfragen, warum dies so oder so gesagt oder getan oder unterlassen wurde.
- Sich einmal in die andere Position hineinzudenken versuchen.
- Sich der eigenen Emotionalität bewußt sein.
- Den eigenen Standpunkt erklären und begründen.
- Die eigenen Gefühle ansprechen: („Ich bin traurig“) und weniger: „Du hast ... du sollst ... du mußt ...“
- Mehr „ich“ und weniger „man“.
- Der Ton macht die Musik.
- Kein taktisches Vorgehen mit Hintergedanken.
- Nicht schon vorher wissen, wie der andere denkt, oder was er/sie jetzt sagen wird.
- Den richtigen Zeitpunkt wählen zur Konfliktlösung – wenn sich die Emotionen etwas gelegt haben.
- Nichts aufwärmen, kein Museum bauen.
- Verallgemeinerungen unbedingt vermeiden: Immer ist das so ..., nie ..., jedesmal ..., schon wieder ...
- Am Schluß der Lösung konkrete Vereinbarungen treffen.
- Bereit sein, auf Kompromisse einzugehen.
- Achtung und Respekt vor dem anderen bewahren, Schimpfwörter und Beleidigungen unbedingt vermeiden, die kann man schwer wieder zurücknehmen.
- Verschwiegenheit bewahren.
- Sich entschuldigen und dies durch Zeichen zum Ausdruck bringen – z. B. durch einen Blumenstrauß oder eine Flasche Wein.
- Fehler vor dem anderen eingestehen.
- Konflikte nicht totschweigen, sondern den Mut haben, sie zur rechten Zeit anzusprechen.
- Schwarzweißmalereien vermeiden.
- Dem anderen beim Gespräch in die Augen schauen.
- Vor der Konfliktlösung miteinander beten.

- Eine neutrale Person von außen beiziehen
- Eine gute Atmosphäre für die Gesprächsführung schaffen (Licht, Wärme, Blumen, Getränke, Essen).
- Den Ort wechseln, z. B. spazierengehen.
- Versöhnungsrituale verwenden (z. B. sich beim Gespräch körperlich berühren – die Hand geben).
- Fehler nicht nur negativ, sondern auch als Chance für einen Neuanfang sehen.
- Gelungene Konfliktlösungen gemeinsam feiern.
- Falls es nicht gleich eine Endlösung gibt, Zwischenlösungen anstreben.
- Sich Zeit nehmen für eine Klärung.
- Auch das Positive am anderen ansprechen.
- Den Erfolg des Partners anerkennen.
- Einen Konflikt auch einmal aushalten.
- Nicht alles gleich persönlich nehmen.
- Dem Partner zugestehen, daß er Fehler machen darf.
- Dem anderen öfters eine kleine Aufmerksamkeit mitbringen.

Glaube und Leben in der Ehe – konkret

- Jesus im Partner entdecken. Der Partner ist eine Wohnung Gottes, ein Tempel des Hl. Geistes.
- Die Bibel als befreiende und frohe Botschaft entdecken. Öfters gemeinsam (mit den Kindern) in der Bibel lesen.
- Gemeinsam (mit den Kindern) frei beten und religiöse Lieder singen.
- Verschiedene Tischgebete pflegen.
- Religiöse Symbole (z. B. Weihwasser) in der Wohnung anbringen und darüber sprechen
- An kirchlichen Veranstaltungen und Feiern aktiv teilnehmen.

- Den Sonntag heiligen (Gottesdienst, Zeit für die Familie, Feiern).
- Die Familienfeste kreativ feiern (Geburtstag, Namenstag, Tauftag, Jubiläen).
- Die Gedenktage der Verstorbenen nicht vergessen.
- Religiöses Brauchtum pflegen (Advent, Weihnachten, Fastenzeit, Ostern, Pfingsten, Allerheiligen, Feiertage ...) und die damit verbundenen Symbole erklären.
- Im Urlaub eine Kirche besuchen.
- Auf religiöse Fragen der Kinder, des Partners und bei sich selbst eine Antwort suchen.
- Positives Denken üben.
- Bei Mängeln in der Kirche und Politik konstruktive Kritik üben.
- Im Leben bei allem auf Gott vertrauen, sich geliebt, getragen und angenommen wissen („Jedes Haar auf meinem Haupt ist gezählt").
- Das Positive beim Partner, bei den Kindern und in der Gemeinde würdigen.
- Sich Zeit nehmen für eine fruchtbringende Kommunikation in der Familie.
- Sich in der Familie als Hauskirche verstehen.
- Bewußtsein, daß dem Paar besonders die Weitergabe des Glaubens an die Kinder anvertraut ist.
- Über den eigenen Tellerrand der Familie hinaussehen und jenen mit Rat und Tat beistehen, die unter ungerechten Bedingungen leiden (Pfarre, Gemeinde, Weltkirche).
- Die Sakramente bewußt feiern.

Beziehungs-/Ehe-Barometer TÜV

Beurteilen Sie, wie sich Ihre Beziehung/Ehe entwickelt hat:
- seit dem Kennenlernen
- seit der Verlobung
- seit der Hochzeit
- im letzten Jahr
- oder ...

Wenn sich Ihre Beziehung/Ehe in diesem Punkt verbessert hat, kreuzen Sie einen Wert in der Skala zwischen +1 und +3 an, wenn sich aber Ihre Beziehung/Ehe verschlechtert hat, kreuzen Sie einen Wert zwischen –1 und –3 an, 0 bedeutet gleich geblieben. Die Kreuze können mit einer Linie verbunden werden.

Das Ehe-/Beziehungsbarometer könnte von Mann und Frau getrennt ausgefüllt und anschließend verglichen werden. Dabei ist es wichtig, nicht bei der Analyse stehenzubleiben, sondern sich gemeinsam zu fragen:
- Wo wäre ein Neuanfang notwendig?
- Wo brauche ich / wo brauchen wir eine Unterstützung und von wem?
- Wie könnte der erste Schritt aussehen?

Denken Sie in solchen Stunden an Ihre Hochzeit zurück und greifen Sie zu den Erinnerungsstücken: die Einladungen, den Trauspruch, die Kerze, die Fotos, die Meßtexte ... Was damals mit Liebe ausgewählt und vorbereitet wurde, kann wertvolle Impulse für Ihr Heute enthalten.

Mann								Frau						
-3	-2	-1	0	+1	+2	+3		-3	-2	-1	0	+1	+2	+3
							Kommunikation in der Beziehung							
							Anerkennung/Lob							
							Versöhnungsbereitschaft							
							Sexualität/Lust am Partner							
							Zeit für den Partner							
							Zeit für Kinder							
							Gemeinsame Freizeit							
							Gefühle zeigen können							
							Gleichwertigkeit der Partner							
							Zärtlichkeit							
							Beziehungskonflikte							
							Treue zum Partner							
							Offenheit dem Partner gegenüber							
							Ordnung							
							Beteiligung an der Hausarbeit							
							Sinn im Leben							
							Gemeinsame Ziele/Träume							
							Gastfreundschaft							
							Zukunftsängste							
							Glück in der Beziehung							
							Freude am Beruf							
							Meinungsverschiedenheiten in der Beziehung							
							Konflikte mit den Kindern							
							Gemeinsame Essenszeiten							
							Kirchliches Engagement							
							Beziehung zu den Eltern							
							Beziehung zu den Schwiegereltern							
							Vertrauen und Glaube an Gott							
							Gemeinsames Gebet							
							Gemeinsamer Besitz/Geld							
							Weiterbildung in der Beziehung							
							Weiterbildung im Beruf/Leben							
							Persönlicher Freiraum							
							Zeit für Vereine und Gruppen							
							Humor in der Beziehung							
							Kultur des Feierns							
							Kleine Aufmerksamkeiten							
							Zeit vor dem Fernseher							
							Liebe zum Partner							

Quellennachweis

Neysters, Peter, „Ich nehme dich an und verspreche dir die Treue ...“, 16. Aufl., Würzburg 1999
Die Trauung katholisch-evangelischer Paare unter Mitwirkung der Bevollmächtigten beider Kirchen, hg. vom Pastoralamt der Erzdiözese Wien und vom Evangelischen Presseverband, Wien, 35f.
Gotteslob, Katholisches Gebet- und Gesangbuch, hg. v. den Bischöfen Deutschlands und Österreichs.
Rotzetter, Anton, Klara und Franziskus. Bilder einer Freundschaft, 2. Aufl., Freiburg (CH) 1999
Merz-Abt, Susanne und Thomas / Stutz, Pierre, Traugottesdienste, Luzern-Stuttgart 1991
Kleines Rituale, hg. von den Liturgischen Instituten Salzburg, Trier, Zürich 1980

Liedernachweis

Wechselnde Pfade: T. und M. unbekannt
Prayer For Guidance: T. und M. John Michael, Talbot Bridwing Music/Cherry Lane Music Publishing Co.
Erschaffe mir ein reines Herz (Kehrvers): T. und M. unbekannt
Gruß an die Gottesmutter: T. Franz von Assisi, M. Johannes Schneider OFM
Sende deinen Geist aus (Kanon): T. und M. unbekannt
Und laßt uns ihn loben (Kehrvers): T. Franz von Assisi, M. Johannes Schneider OFM
Gott, du mein Gott (Kehrvers): T. Franz von Assisi, Übertragung Helmut Schlegel, M. Winfried Heurich, C. Strube, München
Herr, erhebe dich (Kehrvers): T. und M. unbekannt. GL 526/5
Lobpreis Gottes: T. Franz von Assisi, M. Johannes Schneider OFM
Segen für Bruder Leo: T. Franz von Assisi, M. Christian Kuster
Wenn einer sagt: T. und M. Andreas Ebert, aus: „Meine Lieder, deine Lieder“, Hänssler Verlag, D-71087 Holzgerlingen
Lobpreis der Geschöpfe: T. Franz von Assisi, M. Johannes Schneider OFM